Wolfgang Schwerdt

Forscher, Katzen und Kanonen

VERGANGENHEITS
VERLAG

Wolfgang Schwerdt

Forscher, Katzen und Kanonen

Über Leben und Arbeit
von Forschungsreisenden im
18. und 19. Jahrhundert

VERGANGENHEITS
VERLAG

Bibliografische Informationen der Deutschen Nationalbibliothek
Die Deutsche Nationalbibliothek verzeichnet diese Pu-
blikation in der Deutschen Nationalbibliografie; detail-
lierte bibliografische Daten sind im Internet über
http://dnb.d-nb.de abrufbar.

ISBN 978-3-86408-094-4
Korrektorat Daniel Kirchhof

Grafisches Gesamtkonzept, Titelgestaltung, Satz und
Layout: Stefan Berndt – www.fototypo.de

Impressum

Inhalt

Vorwort

Die Forschungsreisen des 18. und 19. Jahrhunderts sind untrennbar mit Namen wie Alexander von Humboldt, James Cook, Charles Darwin oder Matthew Flinders verbunden. Und bei diesen Namen fallen uns vor allem exotische Landschaften und Tiere, Begegnungen mit Wilden, romantische Südseeinseln und faszinierende Entdeckungen ein. Kurzum: Diese Namen sind Synonyme für Exotik, Romantik, Freiheit, Sehnsucht und Abenteuer.

Gelegentlich gerät dabei ein wenig in Vergessenheit, worum es bei den Forschungsreisen und Weltumsegelungen eigentlich ging, unter welchen Bedingungen – politisch, wissenschaftlich, technologisch, sozial – diese bis zu fünf Jahre dauernden Expeditionen eigentlich stattfanden. Was waren das für Menschen, die uns heute vor allem als Abenteurer und Entdecker begegnen? Was haben die Forschungsreisenden eigentlich den ganzen Tag getrieben? Immerhin verbrachten sie den überwiegenden Teil der Reise an Bord ihrer Schiffe. Wie vermaß man damals eigentlich einen Kontinent? Oder worin bestanden in jener Zeit wissenschaftliche Experimente? Was wurde eigentlich alles erforscht und warum?

Das Buch „Forscher, Katzen und Kanonen" beschäftigt sich mit dem Leben und der Arbeit der Menschen an Bord, mit den Arbeitsplätzen (also den Forschungsschiffen und deren Ausstattung), mit den Forschungsaufträgen und den Auftraggebern (also Politik und Wissenschaft) und nicht zuletzt mit den persönlichen Hintergründen ausgewählter Forscher, allen voran denen von James Cook und Matthew Flinders.

Letzterer hat nicht nur, wie die meisten Forschungsreisenden, mit seinen Reiseberichten Bestseller produziert und mit seinen Forschungsergebnissen den europäischen Kolonialmächten neue Zugänge zur Welt und ihren Ressourcen erschlossen, sondern mit „Trim, the story of a brave seafaring cat" seinem treuen Schiffskater Trim ein literarisches Denkmal gesetzt.

Trims Story, die auch ein wenig über die Persönlichkeit Flinders' verrät, wird bis zu einem gewissen Grade als inhaltlicher Leitfaden dienen und dabei sicherlich den einen oder anderen Aspekt ins Spiel bringen, den man bei Forschungsreisen nicht unbedingt erwartet.

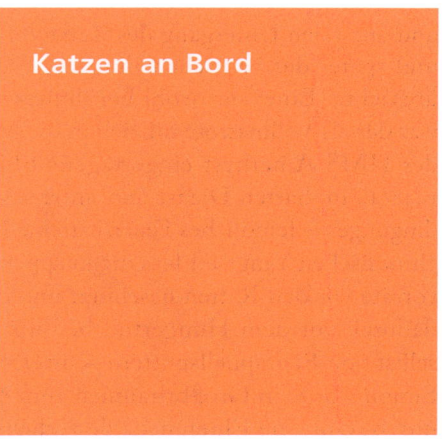

Katzen an Bord

Sie waren echte Helden, diensteifrig, mutig und furcht-
los. Sie waren die einzigen Mannschaftsmitglieder, die
ungestraft jede Hierarchie an Bord missachten und mit
allen Rängen gleichermaßen verkehren durften. Und
über die freiberuflichen vierbeinigen Seefahrer, die seit
Jahrtausenden fester Bestandteil jeder Schiffsmannschaft
waren, hatte selbst der Kapitän keine Befehlsgewalt. In
den wenigen Veröffentlichungen, die es zum Thema
Schiffskatzen gibt, tauchen immer wieder die gleichen
Namen und Anekdoten auf.[1] Etwa von der schwarzen
Schiffskatze des britischen Schlachtkreuzers Prince of
Wales, die von Winston Churchill 1941 daran gehindert
wurde, vom britischen auf das benachbarte amerikani-
sche Schiff Augusta zu desertieren. Oder Oscar, der
vom deutschen Schlachtschiff Bismarck gerettet wurde

und auch den Untergang des Zerstörers HMS Cossak und später des britischen Flugzeugträgers Ark Royal überlebte. Einer der wohl berühmtesten Schiffskater war der als Vollmatrose offiziell in die Mannschaftsliste der HMS Amethyst eingetragene Simon. Der hatte 1948/49 im harten Dienst und unter schwierigsten Bedingungen – feindliches Feuer, extreme Hitze – auf dem chinesischen Yangtse Fluss die knappen Lebensmittelvorräte vor den Ratten beschützt und die Mannschaft dadurch vor dem Hungertod bewahrt. Dabei war er selbst von Schrapnellsplittern schwer verletzt worden. Simon wurde in Großbritannien zum Nationalhelden, und bekam eine Ehrenmedaille verliehen.

Mal mehr, mal weniger spektakulär sind die Geschichten der Schiffskatzen, die den Matrosen und Offizieren im Ersten und Zweiten Weltkrieg vor allem emotionalen Halt gegeben und sogar Eingang in die Medien gefunden haben. Es wäre sicherlich zu oberflächlich, die teilweise außerordentlich verwöhnten Vierbeiner lediglich als Maskottchen zu betrachten. Denn die positive Wirkung der seefahrenden, oft schmusigen und eigensinnigen Vierbeiner auf die Moral und Psyche der Seeleute sollte nicht unterschätzt werden. Das gilt sicher auch für die zurückliegenden Jahrhunderte.

Neben den Schiffskatzen der Weltkriege haben sich besonders die Expeditionskatzen hervorgetan. Allen voran sicherlich der Kater Mrs. Chippy, ein selbstbewusster Tiger, der sich einen Spaß daraus machte, die 69 Schlittenhunde an Bord von Ernest Shakeltons Endurance zu ärgern. Weder die Schlittenhunde noch Mrs. Chippy überlebten letztendlich die Antarktisex-

Schiffskatze des australischen leichten Kreuzers HMAS Encounter. Aufgenommen zwischen 1906 und 1920.

pedition, von der der Forscher selbst und seine Männer 1916 zurückkehrten.

Als erste Katze, die in der Antarktis überwinterte, aber auch dort gestorben ist, ging Nansen in die Geschichte der Entdeckungsreisen ein. Nansen kam 1897 als Kitten auf die Belgica von Kapitän Adrien de Gerlache. Expeditionsmitglied Roald Amundsen, der zehn Jahre später den Südpol erreichen sollte, vertraute seinem Tagebuch an: „Heute Abend flogen drei fliegende Fische über die Reling. Natürlich bereiteten wir ihnen einen warmen Empfang, besonders Nansen, unsere kleine Katze. Wenn es dunkel ist, schleicht sie die ganze Nacht auf dem Deck umher und fängt fliegende Fische."

Namenlos ist die Katze der HMS Terror, die 1842 auf Sir James Clark Ross' Expedition in die Antarktis einen noch unbekannten Fisch gefressen hat, bevor er vom Biologen Dr. Robinson in das Gefäß mit Konservierungsmittel gegeben werden konnte. Der Biologe war um eine wissenschaftliche Sensation ärmer. Die Katze erhielt einen Eintrag ins Logbuch, ohne den wir ansonsten nichts über ihre Existenz erfahren hätten.

Je weiter man allerdings in die Vergangenheit zurückgeht, desto spärlicher werden die überlieferten Geschichten von Schiffskatzen. Belege für die Existenz der seefahrenden Mäusefänger tauchen da eher zufällig und in anderen Zusammenhängen auf. So wissen wir vom Naturforscher Georg Forster, dass sie auch an Bord der Expeditionsschiffe von James Cook ihren Dienst absolvierten. Forster schreibt in „Entdeckungsreise nach Tahiti und in die Südsee 1772-1775":

Die Schiffskatze an Bord der Belgica, 1897 oder 1898 gezeichnet vom Besatzungsmitglied Johan Koren.

„Das Tierreich lieferte uns auch einen Beweis, daß die Dusky-Bai gänzlich unbewohnt sein müsse, denn eine Menge kleiner Vögel schien noch nie einen Menschen gesehen zu haben, so unbesorgt blieben sie auf den nächsten Zweigen sitzen oder hüpften wohl gar auf dem äußersten Ende unserer Vogelflinten herum. Diese unschuldige Dreistigkeit schützte sie anfänglich, denn wer hätte so hartherzig sein können, sie zu schießen. Wenige Tage später aber hatte eine Schiffskatze ausfindig gemacht, daß hier eine vortreffliche Gelegenheit zu einem herrlichen Fraß sei, worauf sie jeden Morgen einen Spaziergang ins Holz unternahm, um eine schreckliche Niederlage unter den kleinen Vögeln anzurichten."[2]

Dass die samtpfotigen Schiffsbegleiter zumindest seit der frühen Neuzeit mehr als ledigliche Arbeitstiere waren, belegt die Episode, die der Schriftsteller Henry Fielding in „Das Journal einer Reise nach Lissabon, 1755" niedergeschrieben hat:

„Donnerstag, der 11. Juli 1754. Während das Schiff bei schwachem Wind unter Segeln war, fiel ein Kätzchen, einer der vier kätzischen Bewohner der Kapitänskajüte, aus dem Fenster ins Wasser. Sofort alarmierte man den Kapitän auf Deck, der voller Besorgnis kräftig fluchte. Er gab dem Steuermann den Befehl, der kleinen Katze zu Hilfe zu kommen. Sofort wurden die Segel losgemacht und alles in Bewegung gesetzt, um das arme Tier wieder an Bord zu holen. Ich war zugegebenermaßen sehr überrascht. Weniger über die liebevollen Gefühle des Kapitäns als darüber, dass er irgendeine Möglichkeit sah, mit seinen Bemühungen Erfolg zu haben. Denn selbst wenn die Katze neuntausend statt neun Leben gehabt hätte, so müssten die längst aufgebraucht sein. Der Bootsmann jedoch hatte seine Jacke, seine Hosen und sein Hemd ausgezogen und sprang ins Wasser. Zu meinem großen Erstaunen kehrte er in wenigen Minuten mit dem reglosen Tier im Mund zum Schiff zurück. Das Kätzchen wurde nun – obwohl es kein Lebenszeichen mehr von sich gab – auf Deck in die Sonne und in die frische Luft gelegt. Und zur großen Freude des Kapitäns erholte es sich.

Die abergläubischen Seeleute – so schreibt Fielding noch – hätten sich jedoch gewünscht, dass das Kätzchen ertrunken wäre, weil sie glaubten, dass dadurch endlich ein guter Wind aufgekommen wäre."[3]

Und wer diese Episode eher für eine romantisch verklärte Erzählung eines Schriftstellers, Journalisten und Sozialreformers der Aufklärung hält, dem sei der Aufsatz von Matthew Flinders über seinen Schiffskater Trim entgegengehalten, der in diesem Buch eine besondere Rolle spielt. Flinders, der 1801 erstmals den australischen Kontinent umrundete und dessen Küstenlinie größtenteils kartografierte, hat seinem treuen Reisebegleiter mit „A Biographical Tribute of Trim"[4] ein literarisches Denkmal gesetzt. Diese Geschichte einer mutigen Schiffskatze ist in mehrfacher Hinsicht bemerkenswert. Für einen Seemann jener Zeit – zumal Marineoffizier – ist es sehr ungewöhnlich, persönliche Gefühle preiszugeben und insofern wird der große Entdecker durch

Gedenktafel für den legendären Schiffskater Trim, vor der State Library von New South Wales. Foto: J. Brew

die Story von Trim für den Leser auch zu einem ganz normalen, fassbaren Menschen. Die Geschichte gibt aber auch Einblicke in das Leben und Arbeiten an Bord eines Forschungsschiffes jener Zeit. Und nicht zuletzt wird deutlich, warum Katzen an Bord nicht nur als Mäuse- und Rattenjäger wichtig waren.

Natürlich hat die Story über das innige Verhältnis eines Kommandanten zu seinem Kater nichts in den offiziellen Berichten verloren. Flinders hat die Trim-Memoiren als Briefe an seine Frau nach seiner letzten Reise in französischer Gefangenschaft geschrieben. Bis 1977 waren die Briefe in den Archiven des britischen National Maritime Museum in Greenwich vergraben, dann wurde die Story erstmals in der Literaturzeitschrift Overland veröffentlicht. Besonders in Australien hat der schwarze Kater mit dem weißen Fleck auf der Brust und den weißen Pfoten großen Eindruck hinterlassen. 1996 wurde vor der State Library of New South Wales in Sydney eine Statue des coolen Katers errichtet und auf einer Gedenkplakette stehen die ersten Zeilen des Textes, den sich Flinders für ein Denkmal seines treuen Gefährten gewünscht hatte.

Flinders' Trim-Biografie ist hinsichtlich des Themas Schiffskatzen, aber auch in Bezug auf die Forschungsreisen des 18. und 19. Jahrhunderts einzigartig. Sie stellt das Bindeglied zwischen wissenschaftlich-kulturgeschichtlicher und menschlicher Ebene dar. Deshalb wird der mutige Schiffskater in diesem Buch immer mal wieder auftauchen und uns in die Geheimnisse des Lebens an Bord eines Schiffs der großen Forschungsreisen einführen.

Im Dienste von Handel und Politik

– die Entdeckungsreisen des 16. und 17. Jahrhunderts

„America hat gegen Morgen das Nord-Meer, gegen Abend das Süd-Meer, oder Mare pacificum gegen China und Japan, gegen Mittag die Magellanische Meer-Enge, und die Strasse la Maire. gegen Mitternacht wird das Eiß-Meer bey der Straße Davis vor die Gränzen gehalten, wiewohl daselbst alles noch unbekannt und man nicht gewiß sagen kann, wo das veste Land aufhöret." (Zedlers Universallexikon, 1732)[5]

Als der englische Seefahrer Luke Foxe[6] 1631 die Hudson Bay erkundete, ging es ihm nicht um die wissenschaftliche Erforschung von Land und Leuten. Die Reise vom nordostenglischen Hafen Whitby in die kanadische Arktis sollte der Entdeckung der Nordwestpassage dienen. Die Kontrolle über einen nördlichen Seeweg in die Gefilde des indischen Ozeans hätte massive wirtschaftliche Vorteile gebracht. Auch Kolumbus hatte sich in Richtung Westen auf den Weg gemacht, um die portugiesische Kontrolle über die südöstliche Handelsroute zwischen Europa und dem Indik zu umgehen. Dass dem Eintritt in den profitablen Gewürzhandel durch die Hintertür ein ganzer Doppelkontinent im Weg lag, hatten die Nachfolger des Kolumbus bald begriffen. Und so suchten sie nicht nur die nahezu unendliche Landmasse im Norden und Süden zu umsegeln, sondern begannen die Neue Welt auch selbst nach ihrem wirtschaftlichen Nutzen in Form von Gold, Rohstoffen oder Handelspartnern genauer in Augenschein zu nehmen.

Foxe war nur einer von vielen Seefahrern, die seit Ende des 15. Jahrhunderts allein im Namen – oder wenigstens im Auftrag – der englischen Krone, einer risikobereiten Kaufmannschaft und potenter Investoren die Welt erkundeten. Es waren die Entdeckungen Sebastian Cabots, Henry Hudsons, Thomas Buttons und nicht zuletzt auch Luke Foxes, mit der die englische Krone in einer Erklärung aus dem Jahre 1687 ihre Besitzansprüche auf die Hudson Bay und das umliegende Land gegenüber den Franzosen begründete.[7] Die Franzosen konnten ihrerseits ebenfalls mit eindrucksvollen Entdeckerpersönlichkeiten aufwarten. Jaques Cartier, Entdecker des Sankt-Lorenz-Golfs und Erforscher des Sankt-Lorenz-Stroms ist dabei ebenso zu nennen, wie Samuel de Champlain, Entdecker und Generalgouverneur Neufrankreichs, oder Robert Chevalier de La Salle, der wahrscheinlich erstmals den Mississippi von den Großen Seen Kanadas aus bis zu seiner Mündung bereiste.

Die „Half Moon", das Schiff, mit dem Henry Hudson 1609 die nach ihm benannte Bucht entdeckte. Im Auftrag der Holländischen Ostindien Kompanie sollte er die Nordwestpassage ausfindig machen.

Es war geradezu ein Entdeckungswettlauf der Nationen, der sich zwischen dem Ende des 15. Jahrhunderts und der Mitte des 18. Jahrhunderts auf dem ganzen Globus abspielte. Und daran waren nicht nur die üblichen Verdächtigen wie England, Frankreich, Holland, Spanien und Portugal beteiligt. Im Auftrag des Dänisch-Norwegischen Königs Christian IV. erkundete beispielsweise Jens Munk 1619 auf der Suche nach der Nordwestpassage ebenfalls die Hudson-Bay. Zehn Jahre zuvor waren Munks Versuche, die Nordostpassage – also den Seeweg nach China an der sibirischen Küste entlang – zu finden, dramatisch gescheitert.[8]

Wenn in Zusammenhang mit dem Zeitalter der Entdeckungen auch Namen wie Sir Francis Drake, Martin Frobisher oder Sir John Hawkins fallen, – auch als Piraten und Sklavenhändler bekannt – so ist das kein Zufall. Denn die Motivation der Europäer, die Welt in alle Himmelsrichtungen zu erkunden, war weniger einer romantischen Entdeckungslust geschuldet, als mehr konsequentem Unternehmertum. Sir Walter Raleigh, ein von der englischen Königin Elisabeth I. zum Admiral ernannter Freibeuter, formulierte es um 1600 folgendermaßen: „Wer auch immer den Welthandel beherrscht, der verfügt über die Reichtümer der Welt und folglich über die Welt selbst."[9]

Merchant Adventurers nannten sich beispielsweise die Gruppen englischer Kaufleute, die in die Reisen zu neuen Ufern investierten, um die Welt zum eigenen Nutzen und Profit auszuplündern. Sei es durch Handel mit unbekannten Völkern, sei es durch den Raub fremder Reichtümer, sei es durch Aneignung von Ländereien. Dass die Kaufleute dabei schon einen ganz besonderen Bezug zu Abenteuer, Risiko und Entdeckungswillen mitbringen mussten, liegt auf der Hand. Die Reise des John Cabot, der 1497 Neufundland entdeckte, wurde beispielsweise von der rührigen Society of Merchant Venturers in Bristol finanziert. Die gleiche Kaufmannsgesellschaft stellte auch Thomas James das Kapital zur Verfügung, der 1631 in den arktischen Gewässern Kanadas nach der Nordwestpassage suchte. Zur selben Zeit also wie Luke Foxe, der von der British Society of Merchant Venturers in London unterstützt wurde.

Francis Drakes Raubzug in den überseeischen Besitzungen der Spanier in den Jahren 1585/86 war ebenfalls ein gut durchorganisiertes kaufmännisches Abenteuer mit potenten bürgerlichen und adeligen Investoren, bis hin zu Elisabeth I. als stille Teilhaberin.[10] Als Entdecker und Weltumsegler hatte er sich bereits von 1577 bis 1580 nicht nur mit den karibischen Gewässern vertraut gemacht, sondern – nach Umrundung des Kap Hoorn – auch die Pazifikküste Amerikas bis nach Kanada abgesegelt. Dass Drake die Investoren von seinem Vorhaben zu begeistern vermochte, das spanische Handelsembargo in den karibischen Breiten zu unterlaufen, hatte er nicht zuletzt seiner intimen Kenntnis der feindlichen Gewässer zu verdanken.

Aber die Geschichte mit den Entdeckungen hatte einen Haken. Es war gar nicht so einfach, die entdeckten überseeischen Orte wieder zu finden. Sicher, mittels Kompass wusste der Reisende halbwegs, in welche Himmelsrichtung er segelte. Auch der Breitengrad – also die nördliche oder südliche Position vom Äquator – ließ sich noch recht zuverlässig bestimmen. Festzustellen, auf welcher Länge, also an welchem Punkt eines Breitengrades sich das Schiff gerade befand, bereitete aber bis in die zweite Hälfte des 18. Jahrhunderts erhebliche Schwierigkeiten.[11] Das bedeutete nicht nur, dass die Seefahrer die Entfernungen, die sie nach Westen oder Osten zurückgelegt hatten, nur sehr grob schätzen konnten, sondern auch dass die fehlende oder ungenaue Längenkoordinate auf den damaligen Weltkarten die Positionen von Städten, den Verlauf von Flüssen und den Ort ihrer Mündungen, von Küstenlinien und anderen markanten Landschaftsformationen wie Seen oder Berge – von der Größe, Form und Position der Konti-

Maris Pacifici, 1589 von Abraham Ortelius in seinem „Theatrum Orbis Terrarum" veröffentlicht, ist die erste gedruckte Karte des Pazifik. Sie zeigt erstmals die beiden amerikanischen Teilkontinente. Interessant ist hier nicht nur die Größe und Lage Neu-Guineas, sondern auch die Darstellung eines gewaltigen Südkontinentes Terra Australis.

nente ganz zu schweigen – erheblich verzerren konnte. Vor Ort ließen sich durch Abfahren der Küstenlinien genauere Detailkarten erstellen. Dabei konnten die Seefahrer natürlich auch wichtige Informationen über Untiefen, Strömungen und andere natürliche Faktoren festhalten, die ein erfolgreiches Befahren der jeweiligen Gewässer und vor allem das Wiederfinden bestimmter Orte im jeweiligen Seegebiet ermöglichten. Erst diese vor allem personengebundenen Kenntnisse machten es möglich, Stützpunkte in der neuen Welt zu errichten, das Land zu erkunden und vor allem eine ständige Verbindung zwischen (Handels-) Stützpunkt und Mutterland zu garantieren.

Welche Folgen in diesem Zusammenhang die Schwierigkeiten bei der Positionsbestimmung in der Entdeckerzeit haben konnten, zeigt das Beispiel des René Robert Cavelier de La Salle, der im Auftrag des französischen Königs Ludwig XIV., des Sonnenkönigs, 1684 einen Stützpunkt an der Mississippimündung errichten sollte.[12] Damit, so die Vorstellung des ehrgeizigen La Salle, könnte man eine Verbindung zwischen den französischen Gebieten in Kanada und dem Golf vom Mexiko herstellen und das dazwischen liegende Land für die französische Krone in Besitz nehmen. Zusätzlich würde man die englischen Siedlungen an der nordamerikanischen Küste unter Druck setzen und sehr nahe an die verlockenden mexikanischen Silberminen der Spanier gelangen.

Es gab nur ein Problem. Zwar hatte La Salle bereits 1862 den Mississippi von den großen Seen bis zur Mündung bereist, und diese zu recht im Golf von Mexiko verortet. Als er aber 1684 dort ankam, landete er knapp eintausend Kilometer zu weit westlich. Dann suchte er auch noch in der falschen Richtung, geriet darüber mit seinen Kapitänen in Streit und verlor schließlich auch noch seine Schiffe. Am Ende scheiterte die Expedition. Die rund 180 Siedler und auch La Salle verloren ihr Leben und der Sonnenkönig seinen Traum vom französischen Amerika.

Der Erfolg bei der Eroberung der Welt hing also vor allem von den persönlichen Kenntnissen, Fähigkeiten und Erfahrungen der Entdeckerpersönlichkeiten ab. Und es ist kein Wunder, dass echtes oder vermeintliches Wissen um die Neue Welt ihren Inhabern gewisse Vorteile brachte. So war Robert Byot als Schiffsoffizier dabei, als Henry Hudson 1611 auf seiner Expedition in die arktischen Gewässer Kanadas zusammen mit seinem Sohn und dem Schiffszimmermann nach einer Meuterei in einem Boot ausgesetzt wurde, weil die Mannschaft die Heimfahrt antreten, Hudson die Reise unbedingt fortsetzen wollte.[13] Byot brachte Hudsons Expeditionsschiff Discovery nach England zurück. Aber statt wegen Meuterei verurteilt zu werden, fand er sich schon 1612 auf Hudsons Expeditionsschiff wieder, mit dem Thomas Button nicht nur nach dem Verbleib des Namensgebers der Hudson-Bay, sondern auch nach der Nordwestpassage forschen sollte. 1615 übernahm Byot sogar das Kommando über die Discovery und unternahm mit William Buffin als Steuermann weitere Reisen in die Arktis.

Das Beispiel zeigt übrigens ein Phänomen, das auch in der Zeit der Forschungsreisen des 18. und 19. Jahrhunderts zu beobachten ist: Es gab durchaus enge Verbindungen innerhalb der Seefahrergemeinde, oft auch über die nationalen Grenzen hinaus. Man kannte sich, war zusammen gefahren oder war sich zu verschiedenen Gelegenheiten bereits begegnet. Sei es auf gemeinsamen Raubzügen, als Händler oder in den arktischen Fisch- und Walfanggründen. Oder es gab sogar verwandtschaftliche Beziehungen untereinander wie zwischen Drake und Hawkins.

Das globale Entdeckungs- und Handelsmonopolisierungsgeschäft befand sich in den Händen einer ver-

Arsenal und Werft der Niederländischen Ostindienkompanie in Amsterdam. Ein Stich von 1650.

hältnismäßig kleinen Elite. Denn das Business erforderte neben einer gehörigen Portion Skrupellosigkeit und Durchsetzungsvermögen eine Reihe von fachlichen Qualifikationen – angefangen von Navigation und Kartografie über Verwaltungs- und Organisationstalent bis hin zu diplomatischen oder sprachlichen Kompetenzen. Die Kauf- und Seeleute des Fernhandels dürfen in diesem Zusammenhang wohl neben dem Klerus als die intellektuelle Elite ihrer Zeit begriffen werden.[14]

Das Ergebnis der kaufmännisch motivierten Entdeckungen und Kolonialisierungen im Namen der jeweiligen Krone waren die privilegierten Handelsgesellschaften, die bis ins 19. Jahrhundert die Politik der großen Kolonialmächte prägten.[15] Das begann mit der Gründung der Englischen Ostindienkompanie um 1600, der 1602 die Niederländische Ostindienkompanie folgte. 1621 wurde die Niederländische Westindienkompanie gegründet, mit dem Ziel des Nordamerikahandels und dem Kapern spanischer Gold- und Silbergaleonen in der Karibik. 1664 traten die Franzosen mit ihrer Ostindienkompanie auf den Plan, um den Briten in Indien entgegenzutreten. 1670 entstand in London die Hudson's Bay Company und zu guter Letzt mischte sich noch Russland mit der vom Zar Paul I. gegründeten Russisch-Amerikanischen Kompagnie in das globale Handelsgeschehen ein. Mit dem Entstehen der nationalen Handelsgesellschaften mit hoheitlichen Rechten wurden deren Interessen zur Grundlage der nationalen Außenpolitik. Der Versuch der Dänen, Preußen oder Schweden, sich mit eigenen Gesellschaften ebenfalls einen Teil des globalen Kuchens zu sichern, scheiterte.[16]

Die Welt der Wissenschaft im 18. und 19. Jahrhundert

„Allein eine noch weit geringere Größe werden wir uns von der Erden einbilden müssen, wenn wir dieselbe mit der Entfernung derer Fix-Sterne von der Erde vergleichen. Flamsteet setzt die Weite des Polar-Sterns von der Erde 126023944 halbe Diameter der Erde, oder derselbe ist 6173 mahl weiter von der Erde als die Sonne von ihr entfernt. [...]

Wir, die wir auf der Erde wohnen, bilden uns dieselbe überaus groß ein; Wir müssen aber hier erstaunen, wenn wir sehen, daß dieselbe so was geringes ausmache. Es wird Derrer in dem Welt-Gebäude geben, da die vielleicht daselbst befindlichen Kreaturen Theils unsere Erde nur als kleines Sterngen, Theils gar nicht erblikken werden; und es wird ihnen, so wenig von unserer Erden bewußt seyn, wie wenig uns etwas von denjenigen Sternen bekannt ist, die wir nicht einmal durch die Fern-Gläser erkennen können, von denen doch zu verläßig zu schlüsseln, daß deren welche vorhanden." (Zedlers Universallexikon ca. 1735)[17]

Mit einer Sonderausstellung feierte die 1737 gegründete Georgia Augusta in Göttingen von Juni bis Oktober 2012 ihr 275jähriges Bestehen. Dabei präsentierte die seinerzeit führende Hochschule der deutschen Aufklärung ihre auch heute noch international bedeutsamen Lehr- und Forschungssammlungen.[18] Einige dieser Sammlungen stehen in direktem Zusammenhang mit den Reisen der Naturforscher des 18. Jahrhunderts. Die zweifellos bedeutendste und heute weltweit größte ihrer Art ist die Göttinger Cook-Forster-Sammlung[19], deren Grundstein 1781 durch den damaligen Inspektor der Naturaliensammlung, Johann Friedrich Blumenbach gelegt wurde. Blumenbach – ebenfalls Mitglied der britischen Wissenschaftsvereinigung Royal Society und der Deutschen Akademie Leopoldina – hatte seine Beziehungen spielen lassen und den britischen König Georg III. zur Finanzierung des Ankaufs von Objekten bewegt, die auf den Reisen von James Cook gesammelt worden waren. Dass ausgerechnet der britische König eine deutsche Universität unterstützte, erscheint nur auf den ersten Blick verwunderlich. Denn Georg III. war gleichzeitig Kurfürst von Hannover. Als solcher hatte Georg II. die Georgia Augusta 1737 höchstpersönlich gegründet und sein Nachfolger stand dementsprechend in der Pflicht.

Göttinger Universitäts- und Bibliotheksgebäude um 1815, Kupferstich von H. Chr. Grape.

Einen großen Teil der für die Göttinger Sammlungen angekauften Südseeartefakte hatten der deutsche Naturforscher Johann Reinhold Forster und sein Sohn Georg mitgebracht, die 1772 bis 1775 im Auftrag der britischen Admiralität Cook auf dessen zweiter Reise begleiteten. Der damals 17jährige Georg verfasste 1777 unter dem Titel A Voyage Round The World eine populäre Reisebeschreibung, die internationales Aufsehen erregte und zu seiner Mitgliedschaft in zahlreichen wissenschaftlichen Akademien Europas führte, allen voran in der 1662 als „Private Vereinigung experimenteller Wissenschaftler" gegründeten Royal Society. 1778 bis 1784 lehrte Georg in Kassel, aber weil er in diesem

Zusammenhang regelmäßig die damals einzigartige Bibliothek der Göttinger Universität nutzte, entwickelten sich auch persönliche Beziehungen zur Georgia Augusta. Georg heiratete 1785 die Tochter des Bibliotheksdirektors Cristian Gottlob Heyne, eine Beziehung, die auch dazu beitrug, dass ein Teil der Südseesammlung der Forsters in Göttingen landete.

Seit seiner Rückkehr nach Deutschland stand Georg unter anderem mit Joseph Banks in engem Schriftkontakt. Der Privatgelehrte Banks war nicht nur Cooks Begleiter auf dessen erster Forschungsreise gewesen und hatte durch seinen Rückzug den Platz für die beiden Forsters auf Cooks zweiter Reise freigemacht. Er war als Vorsitzender der Royal Society auch Initiator der Bounty-Expedition 1787 und Förderer von Matthew Flinders, der 1801/1802 die Küste Australiens erforschte und vermaß. Flinders' erste Reise führte ihn übrigens 1791 bis 1793 unter Kapitän William Bligh – dem späteren Kommandanten der Bounty – in den Pazifik.

Viele private und wissenschaftliche Verbindungen lassen sich also zwischen den Wissenschaftlern und Naturforschern, den Reisenden und den Universitätsprofessoren des Zeitalters der Forschungsreisen herstellen und das in wahrlich internationalem Maßstab.

Diese Verflechtungen haben ihre Ursprünge bereits in der Zeit des Aufbruchs in die neuen Welten, entwickelten sich teils parallel, teils in engem Zusammenhang mit den eher kommerziell motivierten Abenteuern.

Mit dem maritimen Aufbruch der Europäer zu neuen Ufern stellten sich an das Wissen der Menschen und an die Informationsgewinnung, also auch an die Wissenschaft, völlig neue Herausforderungen. Wir hatten bereits im zweiten Kapitel gesehen, welche Probleme allein die Unfähigkeit der korrekten Bestimmung der geografischen Länge nach sich zog. Die konkreten, praktischen und natürlich auch philosophischen Fragen, die sich aus den Entdeckungen ergaben, ließen sich nicht mehr allein aus dem Studium antiker Schriften und der Bibel heraus beantworten. Die experimentelle Überprüfbarkeit von Vermutungen und theoretischen Konstrukten, die Beobachtung der Wirklichkeit, das Sammeln und Untersuchen von Informationen, das Gewinnen von naturwissenschaftlichen Erkenntnissen, das Vermessen und Dokumentieren wurde zum Schlüssel erfolgreicher Expansion, zu Reichtum und Macht von Einzelnen ebenso wie von ganzen Nationen. Astronomie und Mathematik, experimentelle und angewandte Physik gehörten zu den Gebieten, mit denen die frühneuzeitlichen Wissenschaftler sowohl die Grundlagen moderner Navigation legten, als auch selbst in ganz neue Welten vorstießen.

Nikolaus Kopernikus etwa, der Arzt, Ökonom und Hobbyastronom beschrieb Anfang des 16. Jahrhunderts das heliozentrische Weltbild. Dabei geht es um die Vorstellung, dass sich die Erde und die anderen Planeten um die Sonne drehen. Das heliozentrische Weltbild war damals nicht wirklich neu. Bereits der antike Astronom Aristarchos von Samos hatte im 3. vorchristlichen Jahrhundert diese Vorstellung vertreten. Damit stand dieser – ebenso wie Kopernikus rund 1900 Jahre später – in Gegensatz zur vorherrschenden Lehrmeinung. Aber die Zeit für neue Wege auch im Denken und Forschen war

Titelbild des illustrierten Astronomiebuches von 1660 der Jesuiten Kircher und Schott. Quelle: Deutsche Fotothek.

im 16. Jahrhundert reif. Und so folgte Johannes Keppler (1571-1630) mit seinen mathematischen Gesetzen der Planetenbewegung und der Einführung in das Rechnen mit Logarithmen und schließlich Galileo Galilei (1564-1642). Der gewann seine Erkenntnisse nicht allein aus mathematischen Berechnungen, sondern er beobachtete den Himmel mit seinen selbst konstruierten und für die damalige Zeit hoch auflösenden Fernrohren. Dadurch konnte er nicht nur das heliozentrische Weltbild als physikalische Wirklichkeit belegen, sondern er fand neue Welten, die denen der maritimen Eroberer kaum nachstanden. Er entdeckte die Jupitermonde und die Bedeutung der Venusphasen als Beleg für das heliozentrische Weltbild. Und seine Feststellung, dass die Milchstraße kein Nebel, sondern eine Ansammlung unendlich vieler Planeten, möglicherweise gar weiterer Sonnensysteme war, stellte zudem die aus der Bibel abgeleitete schöpferische Einzigartigkeit unserer Erde in Frage. In den Geschichtsbüchern wird in Zusammenhang mit Galileo meist der Inquisitionsprozess und der Widerstand der katholischen Kirche gegen die aufkommende Aufklärung thematisiert. Trotzdem sollte Galileo mit seinen physikalischen Experimenten – beispielsweise zum Pendel, zu den Fallgesetzen oder zum Phänomen der Beschleunigung – vor allem als Vertreter eines neuen, realitäts- und praxisorientierten Wissenschaftsverständnisses begriffen werden, das sich in Großbritannien, den Niederlanden, Frankreich und Deutschland zu etablieren begann.

Es waren die wissenschaftlichen Gesellschaften, auf deren Basis sich die experimentelle Wissenschaft ent-

Frontispiz des Segelhandbuches „Licht der Seefahrt" von 1608. Es zeigt die ganze Bandbreite der zu jener Zeit verfügbaren Navigationsinstrumente, angefangen vom Kompass, der Sanduhr, den Astrolaben, Zirkel und Jakobsstab und Himmels- und Erdgloben.

wickeln konnte. Als zunächst formlose Zusammenschlüsse naturwissenschaftlich orientierter Forscher bildeten diese Gruppen bald festere Strukturen, die mit königlichen oder fürstlichen Privilegien ausgestattet zu Akademien wurden. Schnell wurden diese Forschungseinrichtungen – mehr noch als die meist konservativen theologisch-philosophisch ausgerichteten Universitäten mittelalterlichen Ursprungs – zum Träger des wissenschaftlichen und wirtschaftlichen Fortschritts. Und sie wurden Teil wirtschafts- und machtpolitischen Kalküls. Die französische Académie des Sciences beispielsweise entstand 1666 auf Initiative des damaligen Superministers Jean-Baptiste Colbert, des Chefökonomen des Sonnenkönigs. Colbert war nicht nur für die Staatsfinanzen verantwortlich, sondern ab 1661 ebenfalls für Verkehr, Handel und Kunst. Aufgrund seiner Reformen gilt er als Gründer der französischen Marine, deren Neustrukturierung in engem Zusammenhang mit den kolonialen Ambitionen Frankreichs zu sehen ist. Auf Initiative Colberts wurden unter anderen auch die französische Ostindische und Westindische Handelskompanie gegründet.

1666 lud Colbert eine ausgewählte Gruppe von aufgeschlossenen Wissenschaftlern ein, in der königlichen Bibliothek in Paris ihre Arbeitssitzungen abzuhalten. 1699 wurde der Wissenschaftszirkel auf Erlass Ludwig XIV. zur Académie Royale mit Sitz im Pariser Louvre und entwickelte sich seitdem zu einer der führenden Wissenschaftseinrichtungen Frankreichs. Es liegt in der Natur der Sache, dass sich auch die Wissenschaftler der Académie mit der für die Seefahrt und die koloniale Verwaltung so wichtigen Erdvermessung befassten. Mit zwei großen Expeditionen versuchten die Académie-Mitglieder Charles Marie de la Condamine (1735-1745 in Südamerika) und Pierre Louis Moreau de Maupertuis (1736 in Lappland) der Größe und Gestalt der Erde auf die Spur zu kommen und dabei auch dem immer noch nicht gelösten Problem der Längenbestimmung auf den Leib zu rücken. Maupertuis war übrigens seit 1728 auch Mitglied der englischen Royal Society[20] und 1740 hätte er, wäre es nach dem Willen Friedrichs II. gegangen, die Leitung der 1700 gegründeten Preußischen Akademie der Wissenschaften übernehmen sollen.

Keine Frage, die Wissenschaft der frühneuzeitlichen und neuzeitlichen Aufklärung war international, die Wissenschaftler pflegten nicht nur per Schriftwechsel einen regen wissenschaftlichen Austausch über alle nationalen Grenzen hinweg, sie waren auch selbst außerordentlich mobil. Kein Wunder, denn im ökonomisch-technologischen Wettbewerb der Nationen an der Schwelle der industriellen Revolution, waren qualifizierte Naturforscher unabhängig von ihrer nationalen Herkunft in allen europäischen Nationen sehr gefragt. Und ganz offensichtlich erhöhte die Mitgliedschaft in möglichst vielen Gelehrtengesellschaften den persönlichen Marktwert. Umgekehrt war natürlich auch die Mitgliedschaft besonders prominenter internationaler Kollegen für das Ansehen einer wissenschaftlichen Gesellschaft von hohem Wert.

Der Naturforscher Johann Reinhold Forster beispielsweise wird im 1871 publizierten Reisebericht „Tagebuch einer Entdeckungsreise nach der Südsee in den Jahren 1776 bis 1780" (die dritte Reise von James Cook) folgendermaßen tituliert:

„Eine Übersetzung nebst Anmerkungen von Johann Reinhold Forster, der Rechte, Medizin und Weltweisheit Doktor, Professor der Naturgeschichte zu Halle. Mit-

Das Observatorium in Greenwich um 1833.

glied der Russisch Kaiserliche Akademie zu Petersburg, der Societäten der Wissenschaften, der Antiquarier, und zu Beförderung der Künste, des Handels und der Gewerbe zu London, wie auch der Akademie der Medizin und Wissenschaften zu Madrid, der Societäten der Wissenschaften zu Göttingen, Kopenhagen, und Upsala, der Akademie der Wissenschaften zu Stockholm und Neapel, der Naturforschenden Gesellschaften zu Danzig und Berlin, der Societät der Antiquarier zu Kassel, der

Societät der Wissenschaften und schönen Künste zu Gothenburg, und der Gesellschaft des Ackerbaus und der Künste zu Kassel, wie auch correspondierendes Mitglied der Akademie der Wissenschaften und der schönen Wissenschaften und Inschriften zu Paris."

Angesichts der Konkurrenz der europäischen Staaten um die Ressourcen der Welt erscheint die eher grenzenlose Wissenschaftsgemeinde auf den ersten Blick im deutlichen Widerspruch zu den nationalen Interessen ihrer königlichen oder fürstlichen Förderer zu stehen. Aber die naturwissenschaftlichen Fragestellungen waren so komplex und die Untersuchungsmethoden so aufwändig geworden, dass sie weder von einzelnen Forschern, noch von der intellektuellen Elite einzelner Nationen und erst recht nicht von einzelnen deutschen Fürstentümern bewältigt werden konnten. Zehntausende von Briefen tauschten die führenden Naturforscher mit ihren Kollegen im Rahmen der wissenschaftlichen Diskurse aus.[21] Denen lagen zum Teil zeitaufwändige physikalische Experimente zugrunde, für die zudem spezielle Apparaturen erdacht und erbaut werden mussten. Viele Jahre dauerte es, um allein die auf einzelnen Forschungsreisen gesammelten Notizen, Informationen und Artefakte auch nur zu dokumentieren, zu systematisieren und auszuwerten. Und natürlich band auch die Suche nach der Lösung des Längenproblems erhebliche wissenschaftliche Ressourcen. Observatorien wurden gebaut, allen voran das königliche Observatorium in Greenwich 1675. Und 1714 lobte das englische Parlament gar einen Preis von bis zu 20.000 Pfund für eine praktikable Lösung aus.

Einer der Astronomen, der in diesem Observatorium die Weiten des Universums erforschte, war übrigens der im Eingangszitat genannte John Flamsteed. Seine Geschichte zeigt dabei auch, dass die Wissenschaft damals ein hartes Geschäft war, das auch vor Diebstahl geistigen Eigentums oder Verleumdungen nicht halt machte.[22]

Erst mit der Erprobung eines Nachbaus des 1759 von John Harris entwickelten Chronometers durch James Cook auf seiner zweiten Reise im Jahr 1775 durfte die Längenfrage als gelöst gelten. Damit konnte nun auch die exakte Vermessung – und Aufteilung – der Erde in Angriff genommen werden.

Und während sich die einen – sozusagen als science adventurers – auf abenteuerliche Forschungsreisen in die entferntesten Winkel der Welt begaben, bemühten sich andere, die ständig anwachsende Wissens- und Informationsflut in praktische Anwendungen umzusetzen. Zunächst experimentell gewonnene physikalische Gesetzmäßigkeiten fanden ihren Niederschlag beispielsweise in Fördersystemen oder Pumpen für den Bergbau. Neue Wissenschaftsfelder wie beispielsweise die Geologie eröffneten der Suche nach Bodenschätzen in aller Welt neue Perspektiven. Die Verbindung zwischen Naturwissenschaft und Technik bildete schließlich die Grundlage der Ingenieurwissenschaften.[23]

Lehr- und Forschungssammlungen, die wissenschaftlichen Zeitschriften der Akademien, der Briefwechsel zwischen den Forschern oder die wissenschaftlichen Publikationen, die in den Universitäts- und Akademiebibliotheken ihren Eingang fanden, sorgten für den Austausch neuester Erkenntnisse innerhalb der Wissenschaftsgemeinde.

Angesichts der durch die Ingenieurskunst zunehmend praktisch sicht- und nutzbaren Ergebnisse wurden die Naturwissenschaften seit dem 18. Jahrhundert auch in weiteren Kreisen der Bevölkerung populär. So populär, dass etwa die Reiseberichte von Cook, Flinders & Co. zu echten Bestsellern wurden und die allgemeinen und speziellen Enzyklopädien die Bücherregale der bürgerlichen Gesellschaft eroberten. Das Selbstverständnis und der Anspruch der aufgeklärten Wissenschaft des 18. Jahrhunderts wird deutlich, wenn man den folgenden Auszug aus dem Titelblatt der 1750 fertiggestellten und damals umfangreichsten Enzyklopädie Europas liest: Johann Heinrich Zedlers "Grosses Vollständiges Universallexicon aller Wissenschaften und Künste, welche bisher durch menschlichen Verstand und Witz erfunden und verbessert worden".

„Darinnen so wohl die Geografisch-Politische Beschreibung des Erd-Kreyses, nach allen Monarchien, Kayserthümern, Königreichen, Fürstenthümern, Republiquen, freyen Herrschaften, Ländern, Stächten, See-häfen, Festungen, Schlössern, Flecken, Aemtern, Klöstern, Gebirgen, Pässen, Wäldern, Meeren, Seen, Inseln, Flüssen und Kanälen; samt der natürlichen Abhandlung vom Reich der Natur, nach allen himmlischen, lufftigen, feurigen, wässrigen und irdischen Cörpern, und allen hierinnen befindlichen Gestirnen, Planeten, Thieren, Pflanzen, Metallen, Mineralien, Salzen und Steinen [...]"[24]

Flinders, Cook & Co.

Trotz des umfassend formulierten Anspruchs von „Zedlers großen vollständigen Universallexikons aller Wissenschaften und Künste", entsprach selbst 1754, also im Erscheinungsjahr des letzten Bandes, die Kenntnis des Erdkreises nicht nur geographisch betrachtet wohl eher einem unvollständigen Puzzle. So waren Seefahrer beispielsweise seit 1606 eher zufällig auf einzelne Teile des australischen Hauptkontinents gestoßen. 1642 entdeckte Abel Tasman auf einer Erkundungsreise im Auftrag der Holländischen Ostindienkompanie die Nordwestküste Australiens und die später nach ihm benannte Insel Tasmanien im Südosten Australiens. Einen Teil dieser Westküste hatte zudem 1696 Willem de Vlamingh kartografiert. Als schließlich 1770 James Cook die Ostküste Australiens erkundete, kartografierte

Diese Karte von 1744 zeigt die ganze bekannte Welt, bevor James Cook, Flinders und andere ihre Reisen antraten. Der Nordamerikanische Kontinent endet im Ungewissen, die Antarktis ist noch gar nicht entdeckt und Australien ist bestenfalls zu erahnen. Die Karte stammt vom englischen Kartographen Emmanuel Bowen.

45

und das Land als New South Wales für die britische Krone in Besitz nahm, galt Tasmanien – entsprechend der Annahme ihres Entdeckers mehr als 100 Jahre zuvor – immer noch als Halbinsel des australischen Hauptkontinents. Dessen Ausmaße und Gestalt waren selbst im Jahre 1780 nach den drei Südseereisen Cooks immer noch nicht erfasst.[25]

Und dann war da noch die Antarktis, jener sagenhafte hinter Packeis und Nebel verborgene Südkontinent, dessen Existenz bereits seit der Antike vermutet wurde. Menschen hatten den aber wohl erstmals im Jahre 1820 überhaupt zu Gesicht bekommen. Die Namen, die mit der ersten Entdeckung der Antarktis verbunden sind – Fabian von Bellinghausen, Edward Bransfield, Nathaniel Palmer, John Davis, James Weddell, Jules Dumont d'Urville oder James Clark Ross – repräsentieren dabei ein recht weites Spektrum von Entdeckerpersönlichkeiten und Forschungsreisenden, das für das 18. und 19. Jahrhundert typisch ist.[26]

Unter den Antarktis-Entdeckern beispielsweise finden sich zahlreiche Robbenjäger, die weit im Süden nach neuen Fanggründen suchten. Walfänger, Dorschfischer, Glücksritter und wieder Robbenjäger waren es, die neben den offiziellen, staatlich beauftragten Forschungsreisenden die arktischen Gewässer erkundeten. Und es waren vor allem die Kapitäne und Gouverneure der Handelskompanien, die auf der Suche nach optimalen Handelsstützpunkten der Weltkarte einzelne Puzzleteile in Ost-und Westindien, in Südsee und Pazifik und den Küsten der afrikanischen und amerikanischen Kontinente hinzufügten. Auch wenn viele von

ihnen gerne in die Reihe der großen Entdecker aufgenommen werden, Forscher mit wissenschaftlichen
Ambitionen waren die wenigsten. Natürlich sollen die
individuellen Leistungen der verwegenen Seefahrer
nicht wegen ihrer Motive geschmälert werden. Es waren aber in erster Linie jene Forschungsreisenden, die
wie James Cook oder Matthew Flinders, Louis Antoine
de Bougainville, Nicolas Baudin oder Adam Johann
von Krusenstern, die Welt in ihnen geografischen Zusammenhängen erforschten. Sie erst setzten mit ihren
Reisen des 18. und 19. Jahrhunderts die weit über den
Globus verstreuten Puzzleteile, die in den vergangenen
vier Jahrhunderten gefunden worden waren, zusammen.
Aber es waren auch nationale Expeditionen im Dienste
kolonialer Ambitionen, die im Auftrag und unter Nut-
zung der Ressourcen von Krone und wissenschaftlichen
Gesellschaften durchgeführt wurden. Und im Auftrag
der Krone bedeutete für die seemännischen Leiter der
Forschungsreisen eben im Dienste der Navy.

Dabei war eine friedliche Forschungsreise – vor allem in Kriegszeiten – für einen Marineoffizier nicht
unbedingt lukrativ. Als Kriegsschiffskapitän konnte man
sich nämlich durch das Aufbringen und den über die
Admiralität organisierten Verkauf feindlicher Kriegs-
und Handelsschiffe, der Prisen, ein Vermögen schaffen,
vom persönlichen Ruhm und der damit verbundenen
gesellschaftlichen Anerkennung ganz zu schweigen.
Gerade bei den britischen Seeoffizieren war der buchstäblich oft hart erkämpfte Zugang zur „Gesellschaft"
eine wichtige Voraussetzung für Karriere. Denn im Gegensatz zu den Offizieren der vorrevolutionären fran-

zösischen Marine, die meist aus der Adels- oder bürgerlichen Oberschicht kamen, stammten die britischen Seehelden oft aus eher einfachen Verhältnissen. Vor allem Beziehungen und eine gute Ausbildung dienten als Grundlage für eine Karriere in der Royal Navy.[27]

Bis zum Jahr 1779 war die Navy bei den Söhnen der britischen Adelshäuser recht unbeliebt, zu hart der Dienst, zu unbequem die Unterbringung, zu eng der Kontakt mit dem Pöbel. Für die hoffnungsvollen Stammhalter ehrwürdiger Geschlechter war der Dienst in der Armee ihrem Stande durchaus angemessener. Auf einem Schiff seiner Majestät – so zumindest die offiziellen Regeln – durfte sich Offiziersanwärter von Adel nicht einmal einen persönlichen Diener halten.[28] Als der von seinem Sohn, Prinz William Henry, genervte Georg III., diesen ausgerechnet zur Marine schickte, nahm der allerdings seinen Privatlehrer mit auf die HMS Prince George und bezog dort eine Einzelkabine.[29] William Henry war der dritte Sohn in der britischen Thronfolge. Während der Älteste, George, bereits auf seine zukünftige Funktion als König am Hofe vorbereitet wurde, war für den Zweiten, Frederick, ein Posten in der Armee vorgesehen. William, der sich ohnehin bereits in jungen Jahren als aufsässig erwiesen hatte, musste irgendwie sinnvoll beschäftigt werden, um nicht zur Bedrohung für seine älteren Brüder zu werden.

Bei einer längst überfälligen Flotteninspektion im Jahre 1778 in Portsmouth kam König Georg die zündende Idee. Er schickte William zur Marine. Wirklich erfolgreich hinsichtlich Kompetenz und Disziplin waren bei dem verwöhnten königlichen Nachwuchs weder

Prinz William (links) im Alter von 13 Jahren mit seinem Bruder Edward.
Bild von Benjamin West, 1778.

die Ausbildung noch sein Einsatz im amerikanischen Unabhängigkeitskrieg. Die für die damalige Zeit ungewöhnliche Entscheidung des Königs, dem Prinzen eine Navykarriere angedeihen zu lassen, führte jedoch dazu, dass eine Marinelaufbahn nun auch in Adelskreisen salonfähig geworden war.

Im Jahr 1799, als Prinz William Henry zusammen mit seinem Lehrer in der königlichen Kutsche im Hafen von Portsmouth vorfuhr, um seinen Dienst auf der HMS Prince Georg anzutreten, hatte am anderen Ende der Welt ein gewisser Captain James Cook auf seiner dritten Forschungsreise unter den Keulen und Messern hawaiianischer Einwohner sein Leben ausgehaucht. Bei seinen Expeditionen in für Europäer unbekannte Gewässer segelte Cook nicht nur bis zum anderen Ende der Welt, hinsichtlich seiner Herkunft stand er gegenüber dem verwöhnten Prinzen auch am anderen Ende der gesellschaftlichen Leiter.

James Cook, 1728 geboren, war eines von acht Kindern eines Landarbeiters, der sich zum Vormann heraufgearbeitet hatte. Dessen Dienstherr ermöglichte es dem Jungen mit 13 Jahren zur Schule zu gehen und dort Lesen, Schreiben, Rechnen und Buchführung zu erlernen. Wäre es nach seinem Vater gegangen, wäre James Kurzwarenhändler geworden. Aber Cook entwickelte eine Sehnsucht nach der See und brach mit Einverständnis seines Lehrherrn seine 1745 begonnene Lehre nach eineinhalb Jahren ab.[30] Seinen ersten maritimen Förderer fand James in Captain John Walker von Whitby. Die kleine Hafenstadt, an der Nordostküste Englands gelegen, gehörte in jener Zeit zu den Häfen mit einer der größten Handelsflotten.[31] Die Schiffe Whitbys bedienten nicht nur den Kohlehandel zwischen dem Nordosten Englands und London, sie waren ebenfalls in den kontinentaleuropäischen Häfen der Nord- und Ostsee zu Hause. Fischer aus Whitby hatten ihre Fanggründe in den Gewässern um Neufundland und so manche Versorgungsflotte zu den Siedlungen der arktischen Territorien Kanadas startete in der bekannten Stadt zwischen den Klippen. Die ist uns heute eher als Ankunftsort des Grafen Dracula bekannt.[32] Auf Walkers robusten Whitney-Schiffen lernte Cook sein nautisches Handwerk von der Pike auf. Von 1747 bis 1755 segelte er die begehrte Kohle an der ostenglischen Küste nach London, machte eine Reise in die Ostsee und erreichte schließlich den Rang des Masters, also Schiffsführers oder Steuermanns[33]. Das Angebot Walkers, das Kommando über sein neuestes Schiff, die Friendship, zu übernehmen, schlug Cook jedoch aus. Er hatte beschlossen, zur Navy zu gehen. Dennoch behielt Cook in John Walker einen lebenslangen Freund und Förderer. Walker war es auch, der den talentierten Nautiker in die Londoner Quäker-Gesellschaft einführte, zu deren Kreisen auch seine 1762 geheiratete Frau, Elizabeth Batts of Shadwell, enge Beziehungen hatte.[34]

Aber es war vor allem Hugh Palliser, Cooks erster Kommandant, der nun ein weiterer Teil des Karrierenetzwerkes wurde. 1755 als Matrose auf der HMS Eagle angeheuert, wurde James Cook schnell zum Oberbootsmann befördert. Bereits 1757 avancierte er mit Pallisers Unterstützung zum Master und erhielt 1762 im Rahmen des Kolonialkrieges zwischen Großbritannien und

Frankreich in Nordamerika (1754-1763) mit dem Schoner Grenville sein erstes eigenes Kommando. Während Cook bis 1767 die Küsten von Neufundland und Labrador kartierte, war sein Förderer 1764 zum Gouverneur von Neufundland aufgestiegen.

Mit Palliser (1774 Mitglied des britischen Unterhauses und 1775 Konteradmiral unter dem umstrittenen aber gegenüber Cook ebenfalls positiv eingestellten Earl of Sandwich) hatte Cook nun auch Rückendeckung aus Parlament und Admiralität. Ohne seine herausragenden Fähigkeiten in Navigation und Kartografie hätte sich der gesellschaftliche Underdog allerdings kaum das Wohlwollen der britischen Elite zugezogen. Bei aller Ungewöhnlichkeit zeigt die Karriere von James Cook die klassischen Elemente einer typischen britischen Navylaufbahn. Und wäre er nicht in der Südsee erschlagen worden, wäre der bis dahin lediglich zum Kapitän Aufgestiegene mit Sicherheit noch ein paar Sprossen auf der Karriereleiter aufgestiegen. Denn im Rahmen seiner ersten beiden Reisen war es ihm gelungen, vor allem mit dem Naturwissenschaftler Joseph Banks[35] auch in der wissenschaftlichen Society freundschaftliche und karrierefördernde Beziehungen zu knüpfen. Wahrscheinlich wäre ihm bei seiner Rückkehr von der dritten Reise auch ein Adelstitel und eine angemessene Altersversorgung sicher gewesen. Eines ist an Cooks Navykarriere dennoch bemerkenswert. Im Gegensatz zu seinen besonders erfolgreichen Kollegen in der Royal Navy hatte er sich nicht durch besondere Leistungen im Kampfe ausgezeichnet und empfohlen, sondern durch das Zeichnen besonders exakter Karten. Ein Aspekt, der zeigt, von welcher immensen auch militärischen Bedeutung diese Fähigkeit war.

Matthew Flinders, der besonders in Australien geschätzte Seefahrer, war sieben Jahre alt, als die Nachricht von Cooks Tod 1781 England erreichte. Die Flinders waren eine alteingesessene Familie in Donington nahe der Ostküste Englands mit flämischem Migrationshintergrund. Als Landbesitzer und in dritter Generation Chirurg gehörte Matthews Vater der sozialen Mittelschicht an.[36] Für die Familie war klar, dass Matthew die medizinische Tradition der Flinders fortsetzen würde. Und so erhielt Flinders eine solide Schulausbildung mit Latein, Griechisch und Mathematik. Aber er las auch – so heißt es – Daniel Defoe's Robinson Crusoe.[37] Das soll seine Entscheidung, zur See zu fahren, stark beeinflusst haben. Und so fragte er seinen Onkel John Flinders, einen Seemann der Navy, um Rat. Die Antwort war ernüchternd. Ohne einflussreiche Förderer, so der Onkel, habe man kaum eine Chance auf Karriere. Er selbst diene bereits seit elf Jahren und habe noch nicht einmal den Rang eines Leutnants erreicht und er habe kaum Hoffnung, dass sich dies bessern würde. Aber John gab seinem Neffen dennoch einen Rat, den dieser konsequent annahm. Sollte Matthew, so der Tipp Johns, trotzdem unbedingt zur Navy gehen wollen, so sollte er zur Vorbereitung drei Bücher studieren: Euklid, Robertson's „Elements of Navigation" und Moore's „Book on Navigation".[38]

Glückliche Umstände, außergewöhnliche Fähigkeiten, aber eben auch familiäre Beziehungen in die Gesellschaft lieferten auch für Matthew Flinders die

Grundlage für seine Karriere. Am Ende brachte ihm die Umrundung und vollständige Kartografierung des australischen Kontinents zwar Ruhm und Ehre, beruflich jedoch lediglich den Rang eines Kapitäns mit einem relativ bescheidenen Salär ein.

Einiges von dem, was uns über die beiden Ausnahmeseefahrer überliefert ist, dürfte sowohl von deren Zeitgenossen als auch der Nachwelt ein wenig verklärt worden sein. Nicht zuletzt haben auch persönliche Interessen, Intrigen, Missgunst und Konkurrenz in Admiralität, Politik und der wissenschaftlichen Gesellschaft ihren Teil zu dem oft schillernden und widersprüchlichen Bild beigetragen, das uns heute in der Literatur präsentiert wird. Außergewöhnliche Persönlichkeiten waren die Seefahrer mit dem unbändigen Forscherdrang selbst für die Navy allemal.

Der Werdegang William Blighs[39], der in der Regel nicht zu den großen Forschungsreisenden gezählt wird, begann mit sieben Jahren mit dem unspektakulären Einstieg als Captain's Servant in die Royal Navy. Der Spross einer alten Seefahrerfamilie sollte aber zu den fähigsten Navigatoren seiner Zeit werden und zudem das Bindeglied zwischen James Cook und Matthew Flinders bilden. 22 Jahre war Bligh alt, als er im Rang eines Segelmeisters auf der HMS Resolution Cooks letzte Reise begleitete. Und zusammen mit Cooks Berichten wurden auch Blighs Karten und Messungen veröffentlicht. 1791 bis 1793 brachte er – inzwischen Kapitän – auf Betreiben seines Förderers John Banks auf der zweiten Brotfruchtfahrt 347 Brotfruchtbäume auf der HMS Providence in die Karibik. Als Fähnrich war auch Matthew Flinders mit auf dieser Fahrt. Dessen kartografische Fähigkeiten dürften unter anderem auch Kapitän William Bligh's Ausbildung zu verdanken gewesen sein. Dass Bligh heute vor allem durch die „Meuterei auf der Bounty" bekannt ist, hat viel mit den oben angesprochenen persönlichen Interessen, Intrigen, Missgunst und Konkurrenz in Admiralität und Politik zu tun. Im Gegensatz zu Cook und Flinders schien Bligh allerdings auch in den trügerischen Gewässern der Londoner Gesellschaft recht gut navigieren zu können. Denn sowohl das Kriegsgerichtsverfahren in Zusammenhang mit der „Bounty-Affaire" als auch mehrere Rufmordkampagnen bestand er unbeschadet. Und so wurde er 1805 bis 1809 Gouverneur der britischen Kolonie New South Wales und räumte dort mit der blühenden Korruption beim Militär auf. Im Rang eines Vizeadmirals verstarb er schließlich 1817 in England.[40]

Gemischte Gesellschaft

– die Mannschaft eines Forschungsschiffes der Royal Navy

Als Matthew Flinders nach kurzem Landaufenthalt im Jahr 1801 zum Kommandanten der Investigator ernannt wurde und den Auftrag erhielt, nach Australien zu segeln, da war auch sein Kater Trim wieder mit von der Partie. Flinders hatte den 1799 auf der Reliance geborenen schwarzen Kater mit den weißen Pfoten und dem weißen Stern auf der Brust während seiner ersten Australienreise von 1795 bis 1800 kennengelernt und ihn mit zurück nach England genommen. Aber dem vierbeinigen Seebären war das Leben an Land völlig fremd. Und als er seine Pfoten auf die Planken seines neuen Schiffes setzte, da „fühlte sich Trim wieder ganz zu Hause und seine Liebenswürdigkeit und außerordentliche Zutraulichkeit gepaart mit dem Vergnügen, das seine lustigen Streiche verursachten, machten ihn

Karikatur der Rekrutierungsarbeit einer Pressgang um 1780. Die Männer mit den Knüppeln sind Matrosen, die dreieckigen Hüte und die Säbel kennzeichnen die Offiziere.

schnell wieder zu einem Liebling der Mannschaft, so wie er es schon an Bord der Roundabout gewesen war."[41] So formuliert es Matthew Flinders in seinem Aufsatz über den treuen Schiffskater Trim.

Trim als Besatzungsmitglied zu rekrutieren, war also nicht schwer. Problematischer war es in jener Zeit, generell Mannschaften für die Navy zusammenzubekommen. Zwar war auch der Dienst in der Handelsmarine hart. Aber die Bedingungen an Bord eines Kriegsschiffes waren – ebenso wie der Verdienst – ungleich schlechter. Und während erfolgreiche Kriegsschiffskapitäne und ihre Offiziere, sei es im Kriegs- oder Forschungseinsatz gesellschaftlich ebenso profitierten, wie wissenschaftliche Entdeckungsreisende, gab es für den einfachen Seemann der Navy keinen Ausweg aus seiner sozialen Lage. Und so war es vor allem in Kriegszeiten üblich, Seeleute zu „pressen", sie also mit sogenannten Pressgangs an Land einzufangen und zwangszuverpflichten. Eine weitere Quelle, um die Reihen der Freiwilligen aufzufüllen, waren die Besatzungen von gegnerischen und eigenen Handelsschiffen. Und nicht zuletzt lieferten auch die Gefängnisse Nachschub für die Mannschaften, die auf den stolzen Schiffen der Royal Navy Leben und Gesundheit für Sicherheit und Wohlstand des britischen Empire aufs Spiel setzten. Die Mannschaften regulärer Kriegsschiffe bestanden aus etwa 20 Prozent ungelernten Männern, rund 25 Prozent ordentlichen und 10 Prozent erfahrenen Seeleuten.[42] Als ordentliche Seeleute galten dabei jene Männer, die – im Gegensatz zu den frisch rekrutierten Landratten – in der Lage waren, den Profis bei ihrer Arbeit nicht im Wege zu stehen. Die restlichen 45 Prozent waren Unteroffiziere, Offiziersanwärter und Offiziere. Es war ein Gefüge von in komplexe hierarchische Strukturen eingebundenen Spezialisten, die die Besatzung und Schlagkraft eines Kriegsschiffes des 18./19. Jahrhunderts ausmachte. Neben den erfahrenen Seeleuten weisen die Ränge und Berufsbezeichnungen, die in den Besatzungslisten auftauchen, darauf hin, dass der Betrieb eines Kriegsschiffes eine Besatzung überwiegend qualifizierter Männer erforderte. Als Beispiele seien hier nur Segelmeister, Steuermannsmaat, Segelmacher, Kalfaterer, Bootsmann, Zimmermann, Stückmeister, Zahlmeister, Schreiber und nicht zuletzt natürlich der Koch genannt. Daneben gab es auch noch die sogenannten Freiwächtler, jene Seeleute, die aufgrund besonderer Fähigkeiten vom regulären Wachdienst freigestellt waren. Dazu gehörten Barbiere, Metzger, Schneider für die Offiziere oder der persönliche Bootssteuerer des Kapitäns.

Während der Job des einfachen Seemanns in der Navy nicht sonderlich lukrativ war, konnte eine Offizierslaufbahn durchaus interessant sein. Eine Karriere, die bis zum Admiral gehen konnte, stand nicht nur dem Adel, sondern auch der bürgerlichen Mittelschicht offen. Deren Sprösslinge konnten bei einer gelungenen Navylaufbahn sogar in die adelige Gesellschaft und in das Oberhaus einziehen. Oft traten die zukünftigen Offiziere etwa mit zwölf bis 14 Jahren in die Navy ein. Sie waren entweder auf Weisung von Vorgesetzten, auf Empfehlung oder aufgrund persönlicher Beziehungen in die Obhut des Kapitäns gegeben und mussten diesem – bevor es mit der eigentlichen Ausbildung und dem Rang eines Fähnrichs losging – für zwei Jahre als Freiwillige erster Klasse dienen. Nach mindestens sechs Jahren Borddienst und frühestens im Alter von 18 Jahren bestand die Möglichkeit ein Leutnantsexamen abzulegen. Und wer als solcher – wie Cook oder Flinders – bereits ein eigenes Kommando erhielt, hatte gute Chancen auf eine baldige Ernennung zum Kapitän, zumindest in Kriegszeiten, wenn der entsprechende Bedarf bestand.[43]

Der Begriff „Freiwillige erster Klasse" legt nahe, dass es auch Freiwillige anderer Klassen gab. Und tatsächlich hatte sich besonders die Marine Society – eine karitative Organisation – um den Nachschub von Freiwilligen zweiter und dritter Klasse an Bord der Schiffe verdient

Offiziersanwärter um 1799, Karikatur von Thomas Rowlandson.

gemacht. Es war der Händler Jonas Hanway, der sich angesichts des großen Bedarfs der Navy an Männern um den Bestand der Besatzungen seiner Schiffe sorgte. Der Nachschub lag sozusagen auf der Straße. Und so gründete der clevere Kaufmann 1756 die Marine Society[44], um die Jungs der Ärmsten für die Navy zu rekrutieren, sie somit von ihrer sicheren kriminellen Laufbahn abzubringen und zudem einen wichtigen Dienst an der Gemeinschaft leisten zu lassen. Ausgestattet mit einem Satz sauberer Arbeitskleidung, einer Einweisung in die Bedeutung von persönlicher Hygiene und mit einer Basisausbildung wurden die Jungs als Diener an die Empfänger an Bord ausgeliefert. Und wie es sich für eine wohltätige Gesellschaft gehört, wurde auch ordentlich Buch geführt. Jeder Freiwillige ging durch die Bücher, erhielt eine eigene Akte – besser einen Steckbrief, der am Beispiel des 13-jährigen Sideway Angaben folgender Art beinhaltete: zweifelhafter Charakter, Lesen mittelmäßig. Erhalten (in die Society aufgenommen. Anm. d. Verf.) 13. September 1786, Alter 13 Jahre, 4ft 8inches, braunes Haar mit zwei Narben am Kopf. Ausgeliefert am 29. September 1786 als Diener an den Kanonier auf der Pearl in Deptford.[45]

Es waren zum großen Teil die Straßenjungs, die Ärmsten der Armen, die Waisen, die für ihr tägliches Überleben gezwungen waren, zu stehlen. Und da Diebe in jener Zeit bereits mit 14 Jahren gehenkt werden konnten, bot die Society tatsächlich die Alternative: Marine oder Galgen. Im Gegensatz zu den Dienern erster Klasse, also den zukünftigen Offizieren, die als „Junge Herren" bezeichnet wurden, hießen die Jungs von der Society bei den Seeleuten „scape gallowses", also Galgenflüchtlinge. Ob die Navy für die „scape gallowses" tatsächlich eine echte Alternative darstellte, darf allerdings bezweifelt werden. Viele der kindlichen und jugendlichen Galgenvögel überlebten den Dienst an Bord nicht lange genug, um am Ende bestenfalls „able Seaman", also erfahrener Matrose zu werden. Denn die Schiffsjungen aus der Unterschicht hatten als Diener der Offiziere, jungen Herren und Unteroffiziere nicht nur die Arbeiten zu übernehmen, für die sich selbst die gepressten Landratten zu schade waren, sie mussten auch sexuelle Übergriffe über sich ergehen lassen, vor denen sie auch nicht durch die separate Unterbringung geschützt werden konnten.[46]

Nicht zur Mannschaft gehörig war das unverzichtbare Kontingent der Seesoldaten, das nicht zuletzt als Schutzmacht zwischen der Mannschaft und den Offizieren stand. Auch Flinders' Expeditionsschiff war ein Kriegsschiff der Royal Navy und als solches im Prinzip mit der gleichen Mannschaftsstruktur versehen und dem gleichen hierarchischen Regelwerk unterworfen, wie jedes andere Schiff seiner Majestät. Dass aber bei einem 30 Meter-Kahn und 88 Mann Besatzung, mit Wissenschaftlern – also Zivilisten – an Bord und einem Kommandanten, der selbst gerade einmal den Leutnantsrang innehatte, nicht das oben beschriebene volle Besetzungsprogramm zum Tragen kommen konnte, liegt auf der Hand. Auf den ersten Blick erscheint allerdings erstaunlich, dass Flinders trotz des Kriegs mit Frankreich keine Probleme hatte, sein Schiff zu bemannen. Nachdem Flinders am 19. Januar 1801 von

Schiffsjunge zweiter oder dritter Klasse um 1799, Karikatur von Thomas Rowlandson.

der Admiralität zum Kommandanten der königlichen Schaluppe – der in Investigator umbenannten Xenophon – ernannt worden war, übernahm er am 25. des Monats das Kommando. Zuvor hatte der Kapitän John Henry Martin den Befehl erhalten, „sich als entlassen zu betrachten". Weiter schreibt Flinders in seinem 1814 veröffentlichten Reisebericht: „Diejenigen von den Offizieren und der Schiffsmannschaft, die alt waren, oder nicht freiwillig an dieser Expedition teilnehmen wollten, erhielten ihren Abschied und statt derselben wurden fähige, junge Männer vom königlichen Schiffe Zealand, an dessen Borde damals die Flagge des Vizeadmirals Grame auf der Nore flatterte, gewählt."[47]

Elf Freiwillige brauchte der 27-jährige Flinders noch, rund 250 hatten sich von der Zealand gemeldet, ja geradezu um einen Platz auf der Investigator beworben. Und die elf Übernommenen erwiesen sich – mit einer Ausnahme, wie Flinders feststellt – als ihrer Wahl würdig. Flinders wertet das Interesse der Schlachtschiffsmatrosen, an der Expedition teilzunehmen als „starkes Beispiel von dem Unternehmungsgeiste Britischer Seeleute". Tatsächlich aber dürfte den Matrosen eine Reise in die Südsee attraktiver erschienen sein, als der reguläre Navydienst. Spätestens seit den Reisen Cooks oder den Geschichten um die Bounty wussten die Männer um die schönen und offenherzigen Insulanerinnen. Und nicht zuletzt bestand die Möglichkeit, sich bei glücklicher Rückkehr durch die bei den europäischen Sammlern so begehrten exotischen Mitbringsel die Kasse ein wenig aufzubessern. Erstaunlicher als der Drang der ohnehin im Navydienst stehenden Männer in die

Südsee scheint die Bereitschaft des Vizeadmirals, dem jungen Kommandanten seine besten Männer zu überlassen. Aber die Befehle der Admiralität waren eindeutig: für die Expedition nur das Beste an Ausrüstung und Mannschaft. Nicht nur die Krone hatte Interesse an der Vermessung des australischen Kontinents, auch die Britische Ostindienkompanie unterstrich das nationale Interesse am Gelingen der Expedition durch eine großzügige Spende von insgesamt immerhin 1200 Pfund für die Reisekasse der Offiziere und Wissenschaftler. Und wie bereits bei den Expeditionen von James Cook und William Bligh hatte auch Joseph Banks – inzwischen Präsident der Royal Society – seine Beziehungen zum König und in die Admiralität spielen lassen. Natürlich war Banks auch für die Auswahl der Wissenschaftler verantwortlich, die die Zahl der Menschen an Bord der Investigator über das normale Maß hinaus erweiterte.

„Die Besatzung des Xenophon bestand aus 75 Mann. Da dieses Schiff aber seinen Namen und seine Bestimmung änderte, so betrug sie 88 Mann. Aus diesen bemerken wir hier nur den Astronomen John Crosley, der aber schon am Vorgebirge der guten Hoffnung seine Function verließ, weshalb Capitän Flinders und dessen Bruder seine Stelle vertreten mussten, den Naturforscher Robert Brown, den naturgeschichtlichen Maler, Ferdinand Bauer (einen Teutschen), den Landschaftsmaler William Westall, den Gärtner Peter Good, den Bergmann John Allen, den Capitän Matthew Flinders, die Lieutenants Robert Fowler und Samuel William Flinders, den Lootsen John Thistle und den Chirurgus Hugh Bell."[48]

Der Umfang der wissenschaftlichen Gesellschaft an Bord der Investigator war im Vergleich zum Aufgebot auf Cooks erster Reise mit der Endeavour 1768 bis 1771 geradezu bescheiden. Elf Wissenschaftler mit ihren Dienern nahmen auf eigene Kosten beziehungsweise auf Kosten des betuchten Joseph Banks an Cooks Expedition teil. Der damals 26-jährige Banks war auch selbst mit immerhin sechs persönlichen Dienern mit von der Partie. Die dienstbaren Geister waren „für die Kajüte, die Wäsche, das Leeren der Nachtstühle und andere Dienstleistungen zuständig".[49] Auf Cooks zweiter Südseereise wollte Banks wiederum mit noch mehr Wissenschaftlern und 16 persönlichen Dienern teilnehmen. Allerdings hatte er wohl die Möglichkeiten der damaligen Seefahrt überschätzt. Cook weigerte sich, die für den Komfort der Reisegesellschaft erforderlichen, für die Stabilität des Schiffes allerdings gefährlichen Decksaufbauten zuzulassen. Banks zog seine Teilnahme zurück und machte damit den Platz für die Forsters frei.

Die Zahl der Wissenschaftler an Bord von Flinders Investigator war also deutlich überschaubarer. Und nicht jeder Teilnehmer gehörte bereits zur wissenschaftlichen Top-Elite, die hatte Banks aus unterschiedlichen Gründen nicht verpflichten können. Aber die Männer wie Robert Brown oder Ferdinand Bauer – der übrigens Österreicher war – hatten im Rahmen der Expedition Leistungen vollbracht, die sich hinter denen ihrer Kollegen früherer Fahrten nicht zu verstecken brauchten.

Dass Flinders bei seiner Mannschaftsaufzählung nur wenige Namen hervorhob, ist kein Zufall. Es waren immerhin gerade einmal acht Offiziere und Unteroffiziere, die seine Aufgabe als Schiffskommandant unterstützen. Und trotz der gebotenen persönlichen Distanz, die die Hierarchie der Royal Navy zur Aufrechterhaltung der Disziplin vorschrieb, war die Führungscrew der Investigator schon recht familiär. John Thistle beispielsweise, kannte Flinders bereits aus der Zeit, als er – selbst noch Fähnrich – mit diesem und George Bass[50] in einem Boot die australische Küste untersucht hatte. Der Kommandant der Investigator und Thistle waren also Jugendfreunde. Und Samuel William Flinders war nicht nur 2. Leutnant unter Kommandant Matthew Flinders, sondern auch dessen jüngerer Bruder. Fähnrich John Franklin, der 1845 mit den Schiffen HMS Terror und HMS Erebus zur Arktisexpedition aufbrach, war Flinders Neffe. Der 1. Leutnant, Robert Fowler und Samuel Flinders waren übrigens tatsächlich noch Fähnriche. Und John Thistle, der auf seinem vorherigen Schiff lediglich Maat – also Untergebener eines Unteroffiziers – gewesen war, fungierte auf der Investigator nun als Master, also als zweiter Mann in der Befehlshierarchie des Schiffes.

Für Trim, den Schiffskater, spielten die komplizierten, von sozialen Unterschieden und militärischen Notwendigkeiten geprägten Strukturen der Menschen an Bord keine Rolle. Er mochte jeden und jeder mochte ihn. Unter den Vierbeinern an Bord gab es jedoch eine klare Regel: Hier war Trim der Boss. So berichtet Flinders, dass wenn es darum ging, einen der an Bord befindlichen Hunde vom Vordeck zu verjagen, ein Wink an Trim genügte. Der pirschte sich an den verhassten Kläffer an, richtete sich selbstbewusst vor ihm auf und verpasste ihm vorsorglich ein paar Tatzenhiebe auf die Nase. Ließ sich der Hund dadurch nicht beeindrucken, sprang Trim auf die Reling und drosch von oben auf ihn ein. Und spätestens, wenn Trim mit seinem berüchtigten Kampfschrei wie eine Furie auf den begriffsstutzigen Hund losging, suchte der sein Heil in der Flucht unter das Deck. Daraufhin, so Flinders in seiner Trim-Biografie, „kehrte er grinsend zu seinem Herrn zurück, um sich seine Streicheleinheiten abzuholen".

Trim war übrigens nicht der einzige Kater an Bord. Da gab es auch Van, den Holländer, der den ansonsten hochanständigen Trim zum gemeinsamen Diebstahl einer Hammelkeule angestiftet hatte. Unglücklicherweise waren die beiden vom Steward dabei erwischt worden. Und während Van, wie Flinders betont, feige das Weite suchte, ließ Trim die Bestrafung klaglos über sich ergehen. „Aber kaum freigelassen, folgte er seinem holländischen falschen Freund und zahlte ihm seine Strafe mit Zinsen heim".

Die feine Gesellschaft –

die Upperclass auf dem Achterdeck

Trim war, so beschreibt Flinders, ein prächtiger Kater. Von perfekter Gestalt und mit wunderschöner Zeichnung könnte man ihn „als Fürst und Vorbild seiner Art" betrachten. Das meinte offensichtlich auch der freundliche Schiffskater selbst. Denn der war, wie Flinders trotz seiner Freundschaft eingestehen musste, überaus eitel. So legte er sich beispielsweise den Offizieren bei ihrem Gang über das Achterdeck in den Weg und präsentierte ihnen stolz seine weißen Pfoten in der würdigen Pose eines Löwen. Trim wusste um seinen Eindruck, den er wegen seiner eleganten Statur bei den Menschen hinterließ. Da die Offiziere natürlich – wie alle, die das Achterdeck bevölkern durften – Menschen von Verstand waren, erkannten sie auch die außergewöhnlichen persönlichen und geistigen Fähigkeiten des

Katers und konnten ihm weder böse sein, noch waren sie eifersüchtig.

Natürlich ist Eitelkeit kein schöner Charakterzug. Aber wenn sie überhaupt entschuldbar ist, so stellt Flinders fest, dann im Falle Trims. Denn „wie viele Menschen gibt es, die weder Ansprüche aus Geburt, noch Vermögen oder Fähigkeiten, seien es persönliche oder geistige ableiten können, deren Eitelkeit sich nicht auf solche harmlosen Grenzen beschränkt wie dies bei Trim der Fall war! Und ich möchte zu seinen Gunsten anführen, dass er niemals schlecht über andere sprach oder sich über deren Ansprüche beschwerte. Das ist mehr, als man über sehr viele Zweibeiner sagen kann."[51]

Zweifellos stellen diese Ausführungen zur Eitelkeit mehr dar, als nur eine Episode aus dem Leben Trims. Und bei der Lektüre der Schiffskaterbiographie schleicht sich mehr als einmal das Gefühl ein, als habe Flinders vor allem seinen Zeitgenossen der Oberklasse den einen oder anderen satirisch-kritischen Seitenhieb verpasst.

Bereits auf den regulären Schiffen der Royal Navy war die Aufrechterhaltung der sozialen Unterschiede ein kompliziertes Unterfangen. Immerhin stimmten Herkunft und sozialer Status nur bedingt mit Qualifikation, militärischem Rang und Position in der Kommandohierarchie überein. Wie wir an der Führungsmannschaft der Investigator gesehen haben, war dieses Problem an Bord der Forschungsschiffe besonders ausgeprägt. Zum einen, weil es sich um recht kleine Schiffe handelte, zum anderen weil sich mit den Wissenschaftlern noch eine weitere irgendwie zu integrierende bordfremde und sehr standesbewusste soziale Gruppe hinzugesellt hatte. Und die brauchte auch noch jede Menge Platz. Denn nicht nur dem Kapitän stand seine große Kajüte im Heck zu, auch die Leutnants hatten ihre eigene, abgetrennte Schlafkoje und ihre Offiziersmesse. Und nun musste auch noch jedem Wissenschaftler ein persönlicher – wenn auch nur wenige Quadratmeter großer – Raum zur Verfügung gestellt werden. Auf Cooks Endeavour, kaum größer als Flinders Investigator, waren die Kajüten der Naturforscher um einen Salon herum angeordnet, der als Bibliothek, Speisesaal und Arbeitsraum diente. Nur durch den Einbau eines dritten Decks konnte der zusätzlich benötigte Raum gewonnen werden. Denn die Kabinen und der Salon beanspruchten nun den Platz, den zuvor die Midshipmen, also Offiziersanwärter, zur Verfügung hatten. Unter dem Vordeck befanden sich die Kammern für die wichtigsten Decksoffiziere und ihre Werkstätten. Der Rest des Decks „vor dem Mast" stand der Mannschaft, den Schiffsjungen und Dienern, den Seesoldaten und dem Frischfleisch in Form von lebenden Schafen, Ziegen, Schweinen und Geflügel zur Verfügung.

Wirklich komfortabel in unserem heutigen Sinne war es sicherlich nirgendwo an Bord. Aber die Oberklasse, bestehend aus Kapitän, Offizieren und Wissenschaftlern, führten durchaus ein standesgemäßes Leben. Und je nach Vermögen gab es auch in der Führungsetage gravierende Unterschiede. Wir hatten bereits gesehen, dass der in der Forschungsgeschichte jener Zeit allgegenwärtige Joseph Banks auf seiner Südseereise allein sechs persönliche Diener mitgenommen hatte. Und selbstverständlich verfügte jeder Achterdecksbewohner auch noch über seine persönlichen erlesenen Lebensmittel. Das Essen für das Achterdeck kam zum Teil ohnehin nicht aus den gleichen Speisekammern und Töpfen wie das der „Midshipmen" oder der Mannschaft. Aber um bei den gemeinsamen Essen und gegenseitigen Einladungen so richtig Kultur und gesellschaftlichen Status zeigen zu können, musste natürlich ein wirklich edler Tropfen oder ein ganz besonderer Käse auf den Messetisch. Auch auf regulären Kriegsschiffen verfügte der Kapitän über eine eigene Vorratskammer mit hochwertigen Lebensmitteln. Schließlich konnte es immer mal passieren, dass er irgendwo in der Welt ein paar Kollegen an Bord seines Schiffes bewirten musste. Auch bei den Einladungen, die der Kapitän zu besonderen Anlässen an seine Offiziere aussprach, musste natürlich etwas Ordentliches auf den Tisch, das verlangte einfach sein Status.

Damit standen gerade junge Kapitäne oder – wie Cook und Flinders – Leutnants im Kommandantenrang, die nicht von vornherein vermögend waren, vor einem echten Problem. Denn die standesgemäßen Lebensmittel mussten auf eigene Kosten beschafft werden und der Sold gab das nicht her. Der Luxusproviant war jedoch nicht die einzige Herausforderung für den angehenden Seehelden. Die Kosten der gesamten persönlichen Ausstattung, angefangen von den Kabinenmöbeln, dem Teppich, den diversen Uniformen bis hin natürlich zur qualifizierten Dienerschaft, musste aus eigener Tasche bestritten werden. Vor diesem Hintergrund darf die Bedeutung der 1200 Pfund-Spende der Britischen Ostindienkompanie für die Kaffeekasse der Reisegesellschaft der Investigator nicht unterschätzt werden.[52] Immerhin entsprach dieser Betrag in etwa dem Jahressalär von Kapitän und Wissenschaftlern zusammen.

Auch James Cook war beispielsweise auf seiner zweiten Reise als Kommandant der kleinen Expeditionsflotte aus Endeavour und Adventure Teil der Upperclass an Bord. Als „collier's nag", wie sie im Marineslang bezeichnet wurden, gehörte Cook allerdings zu jenen Seeleuten, die sich vom Unterdeck eines Kohlefrachters der englischen Ostküste „über die Ankerkette" zum Offizier der Navy hochgearbeitet haben. Cook war also ein sozialer Aufsteiger und damit in den Augen vieler geborener Eliten geradezu zwangsläufig von zweifelhaftem Charakter und mäßiger Kultur. So ist auch die merkwürdige Charakterisierung Cooks durch den Gelehrten und Reisebegleiter Johann Reinhold Forster zu verstehen, der sich, wie sein Sohn Georg, in seinem Reisebericht immerhin als Bewunderer des Kapitäns zu erkennen gibt. Cook sei, so stellt Forster Fest, eigentlich im Grunde nicht böse gewesen. Er sei aber ein Sauertopf gewesen, „... den Geiz und üble Laune zuweilen zu sehr regierten; wozu noch der Übermuth kam, der ihm, vom Verdrehn des Kopfes durch Lord Sandwich[53], nunmehro anhing."[54]

Im Klartext, dem guten Cook fehlte eben die Großzügigkeit und das kultivierte Benehmen, das einen Mann von guter Herkunft ausmachte. Zudem ließ er sich offensichtlich leicht beeinflussen. In den richtigen Händen und unter Kontrolle kultivierter Menschen mochte sein Charakter aber durchaus zivilisierte Züge annehmen. Und so schreibt Forster weiter:

„Dieser letztere [Lord Sandwich] ist zum Theil Schuld an den unnöthigen Grausamkeiten gewesen, die während Cooks Anführung auf der letzten Reise in der Südsee verübt wurden, und die ihm zuletzt auch seinen Untergang zugezogen. Cook hatte auf der ersten Reise Herren Banks und Solander mit sich, welche die Wissenschaften und Künste gebildet, [...]. Auf der zweeten war ich mit meinem Sohne seine Reisegefährten, Tischgenossen und täglicher Umgang. Er musste demnach vor uns allen eine Art von Ehrerbietung und Achtung vor seinem eigenen Charakter und Namen bekommen. Unsere Denkungsart, unsere Grundsätze, unsere Sitten wirkten durch die Länge der Zeit, und das tägliche vor Augen haben, auf ihn ein, und liessen es ihm nicht zu, grausam gegen die armen harmlosen Insulaner der Südsee zu verfahren."[55]

Und damit auch dem letzten Leser klar wird, dass Menschen wie Cook Menschen wie Forster und andere honorige Typen seiner Zeit benötigen, um nicht ins barbarische Unterschichtenverhalten zurückzufallen:

„Da es lauter ihm untergebene Leute waren, oder doch solche die ohne Erziehung und einer gewissen Reputation die Ehrerbietung und Achtung einflösset; selbst den Astronom Herrn Baily und den Kräutersammler Herren Nelson nicht ausgenommen; so war es kein Wunder, daß er die sich selbst und seinem Charakter schuldige Achtung vergas, und Lord Sandwichs Verdrehen des Kopfes mehr nachgab und daher einige höchst grausame und unmenschliche Handlungen beging."[56]

Die Forsters auf Tahiti, ein Bild von Jean Francois Rigaud, ca. 1780.

Und am Ende seiner Schilderung versäumt es das wackere Charaktervorbild nicht, noch einmal darauf hinzuweisen, dass James Cook natürlich nicht ums Leben gekommen wäre, wenn Banks, Solander oder auch er selbst und sein Sohn auf dieser dritten Reise mitgewesen wären.

Natürlich dürfen Forsters Ausführungen nicht als maßgeblich für die Beurteilung der Persönlichkeit Cooks verstanden werden. Eine solche soll und kann in diesem Buch auch gar nicht vorgenommen werden. Es ist eher ein Beispiel für die sozialen Weltbilder, die selbst die aufgeklärten Köpfe jener Zeit verinnerlicht hatten. Das wird auch deutlich, wenn man sich den Anlass anschaut, der zu dieser doch recht bemerkenswerten Charakterisierung geführt hatte. Da gab es nämlich einen gewissen Herrn King, der als Mann „von einer feinen Denkungsart, der ein Gelehrter von Profession ist" 1776 den Befehl erhielt, als zweiter Leutnant und Astronom Cooks dritte Reise zu begleiten. Nach Aussage Forsters suchte James King seinen Kapitän auf und sagte, „er schätze sich glücklich, daß er unter einem so grossen Seemanne diese wichtige Seereise antreten solle; aber er beklagte sogleich, daß auf dieser Reise nicht so als auf den Vorigen Gelehrte mitgehen würden." Cooks Reaktion war offensichtlich so heftig, daß sich King bei Forster beschwerte. „Verflucht sind alle Gelehrten", soll Cook geantwortet haben, „und alle Gelehrsamkeit obendrein."[57] Erstaunliche Worte für jemanden, der gerade zum Mitglied der Royal Society ernannt worden war.

Es ist natürlich denkbar, dass gerade das herablassend erzieherische Selbstverständnis befreundeter Wis-

THE STATE TINKERS.

National Kettle, which ... a ... — | The ... think they ... Clap —
oiling of ... | ...
e fault of | ...
the Tinkers were sent for, — Behold them & Stare. | In stopping of one Hole — they're sure to make T.

Der Karikaturist James Gillray stellt Lord Sandwich (links) und seine politischen Freunde als inkompetente Kesselflicker dar. Ein Bild, das Forster wohl gefallen hätte.

senschaftler wie Forster, zu der von King bemängelten Reaktion Cooks geführt hat. Und das, was Forster so väterlich als seine charakter- und kulturbildende Präsenz an Bord verstanden hat, könnte sich für den Kapitän als unerträglicher sozialer Druck geäußert haben. Wenn man es salopp formuliert, dürfte der alte Forster im Gegensatz zu seinem Sohn ohnehin ein wenig zickig gewesen sein. Die ganze Vorbemerkung zu seiner Übersetzung des Berichtes von Cooks dritter Reise strotzt nur so von Seitenhieben gegen Lord Sandwich. Der hatte nämlich dafür gesorgt, dass Forster der Auftrag zur Abfassung des offiziellen Reiseberichtes entzogen wurde. Die Hintergründe sind dabei bis heute unklar, in der Folge der Auseinandersetzungen hatten die Forsters als Wissenschaftler in England jedenfalls keine Karrierechancen mehr.

Dass der damalige Wissenschaftsbetrieb mit seinen Eitelkeiten, Intrigen und politischen Verwicklungen dem Praktiker Cook nicht sonderlich lag, ist nachvollziehbar. Vor allem, wenn man sich bewusst ist, dass es ein Kapitän auf Forschungsreise in unbekannten Gewässern natürlich überwiegend mit Aufgaben zu tun hatte, die allein durch geistreiches Parlieren oder Aufrechterhalten einer zivilisierten Fassade nicht unbedingt bewältigt werden konnten. Es mag zudem bezweifelt werden, dass die kultivierten Wissenschaftler vom Schlage Forsters wesentliche Beiträge zur Bewältigung dieser täglichen Herausforderungen geleistet hatten.

Das folgende Ereignis, das sich auf Cooks erster Reise auf dem Weg zwischen Trinity Bay und Endeavour River abgespielt hatte, zeigt, wie schnell eine scheinbar gemütliche Reise in einer Katastrophe enden konnte.[58]

10. Juni 1770: innerhalb weniger Minuten steigt der Meeresboden von gut 38 auf knapp 15 Meter Tiefe an. Die Gesellschaft unterbricht das Essen und Cook befiehlt: „Alle Mann auf Station". Kurze Zeit später werden wieder mehr als 36 Meter gemessen, die Herrschaften sind beruhigt und begeben sich zu Bett. Kurz vor 23 Uhr steigt der Meeresboden wieder rapide an und bevor reagiert werden kann, geht ein harter Ruck durch das Schiff, die Endeavour sitzt fest und die Gentlemen stürmen ebenso wie die Mannschaft wieder an Deck. Sofort werden Boote ausgesetzt und die Situation untersucht. Die Lage ist verzweifelt. Das Expeditionsschiff ist – knapp 40 Kilometer von der Küste entfernt – in die Kuhle eines Riffs geraten und wird durch den Seegang gegen dessen scharfe Kanten geschleudert. Das Schiff muss erleichtert werden, um es mit den Booten über das Riff zu ziehen. Aber das Unglück geschah zum Höhepunkt der Flut und den Wettlauf mit der Ebbe konnte man nicht gewinnen. Trotzdem geht alles, was entbehrlich ist, über Bord: Sechs Kanonen, eiserner und steinerner Ballast, Ölfässer und vieles mehr.

11. Juni 1770: Das Schiff ist um rund 50 Tonnen erleichtert und um 11 Uhr Vormittags kommt die Flut. Aber das Schiff bewegt sich keinen Zentimeter, es muss noch leichter werden. Bislang ist nicht viel Wasser eingedrungen, aber jetzt mit der eintretenden Ebbe, strömt es so stark in den Rumpf, das nicht einmal zwei Pumpen ausreichen um der Massen Herr zu werden.

Um 9 Uhr abends mit der Flut beginnt sich das Schiff bewegen. Das Leck ist aber so groß geworden, dass die Endeavour wohl – kaum in tieferen Gewässern angekommen – sinken wird. Das Flottmachen des Schiffes erscheint keine ernsthafte Option mehr. Andererseits reicht die Kapazität der Boote nicht aus, um alle an Land zu bringen, bevor die Endeavour vom Seegang auf dem Riff völlig zerstört worden ist, die Lage ist hoffnungslos.

Letztendlich bleibt nur der Versuch, das Schiff doch noch flott zu machen und das Beste zu hoffen. Tatsächlich gelingt es, die Endeavour in tiefere Gewässer zu schleppen und erstaunlicherweise kann das Wasser im Rumpf zunächst durch verzweifeltes Pumpen am Steigen gehindert werden. Segel werden gesetzt und Kurs auf das Land genommen.

12. Juni 1770: Die Kräfte der Männer sind am Ende, „das Leck", so formuliert es Cook, „gewinnt wieder Oberhand über die Pumpen". Da macht der Midshipman Jonathan Monkhouse einen genialen Vorschlag. Er habe gesehen, so berichtet er Cook, wie ein Kapitän mit seinem Handelsschiff den Hafen verlassen hatte, obwohl es Leck geschlagen war und rund einen Meter Wasser pro Stunde gemacht hatte. Er hatte es unterwegs notdürftig gestopft und sicher von Virginia nach London gebracht. Sofort beauftragt Cook den Fähnrich, die erforderlichen Maßnahmen durchführen. Monkhouse lässt ein Segel mit großen Mengen Schmiere bestreichen, klein gezupfte Wolle wird möglichst locker darauf gegeben und schließlich das Ganze mit Schafsdung und anderem Unrat bedeckt. Pferdemist, so Cooks Hinweis, wäre besser gewesen. An Seilen wird das gefüllte Segel unter

den Rumpf gezogen und über dem Leck angekommen, drückt das Wasser die Dichtungsmasse zwischen die Planken. Tatsächlich ist die Maßnahme so erfolgreich, dass das eindringende Wasser nun mühelos mit nur einer Pumpe unter Kontrolle gehalten werden kann.

Aber Schiffbruch war nicht die einzige Gefahr, die eine Reise in ferne Gewässer mit sich brachte. Und gerade ein halbes Jahr, nachdem Cook seine Endeavour wieder flott gemacht und die Reise fortgesetzt hatte, ereilte die Expedition mit einer Epidemie an Bord der nächste Schicksalsschlag. Im Januar 1771 schreibt Cook in sein Logbuch:

„Wir waren schnell in einer erbärmlichen Situation. Das Schiff war nichts anderes als ein Krankenhaus in dem diejenigen, die sich noch auf den Füßen halten konnten, zu wenig waren, um sich um jene zu kümmern, die ihre Hängematten nicht mehr verlassen konnten. Nahezu jede Nacht mussten wir einen Toten der See übergeben. Im Verlaufe von etwa sechs Wochen bestatteten wir Herrn Sporing aus Herrn Banks Gefolge, Herrn Parkinson seinen Maler, den Astronomen Herrn Green, den Bootsmann, den Zimmermann und seinen Maat, Herrn Monkhouse, den Fähnrich, [...] unseren alten lustigen Segelmacher und seinen Assistenten, den Schiffskoch, den Korporal der Marinesoldaten, zwei aus der Mannschaft des Zimmermanns, ein Fähnrich und neun Matrosen."[59]

Joseph Banks war ebenfalls dem Tode nahe und sowohl der Schiffbruch als auch die Epidemie an Bord zeigen, wie eng die Schicksale der Reisenden an Bord unabhängig von ihrem sozialen Status miteinander verknüpft waren, und wie wenig gesellschaftliche Privilegien und Konventionen unter den Bedingungen dieser Reisen im Ernstfall tatsächlich zählten. Der extravagante junge Banks übrigens – folgt man den Ausführungen in seinem Tagebuch – scheint dies im Gegensatz zum alten Forster durchaus begriffen zu haben.

Zwischen Achterdeck und Vorschiff

– junge Herren jeden Alters

Dass Trim auch am Tisch der Offiziere speisen durfte, versteht sich angesichts seiner guten Manieren von selbst. Ob der freundliche Kater allerdings auch bei den Kapitänsdiners mit den Wissenschaftlern geduldet war, geht aus Flinders' Trim-Tagebuch nicht hervor. Sicher ist jedoch, dass der Schiffskater ständiger Gast in der Messe der Midshipmen war. Dort stellte er sich pünktlich 15 Minuten vor dem Essen ein und wartete geduldig, bis alle Platz genommen hatten und aufgetragen war. Dann schritt er von Tischgenossen zu Tischgenossen. Ein sanftes, höfliches Miau und jeder, der ihn kannte, gab ihm ein Stückchen seines Mahles ab, das sich der Kater vorsichtig und geschickt mit der Pfote von der dargebotenen Gabel angelte. Wer dem Gentleman Agreement allerdings nicht nachkam, von dem holte sich Trim den ihm zustehenden Teil auch selbst. Die leichtesten Opfer waren dabei vor allem jene jungen Herren, deren Redefluss auch beim Essen nicht versiegen wollte und die daher ihre Gabel mit dem Happen bis zu ihrer nächsten Redepause unbeaufsichtigt in der Luft hielten. Und dann gab es noch die Schlinger, jene Gentlemen, die kaum wagten zwischen den einzelnen Bissen Atem zu holen und meinten, gar keine Zeit dafür zu haben, Trim den ihm zustehenden Anteil abzutreten. Da musste Trim – schon allein um der Disziplin und Erziehung der jungen Herren Willen – zu drastischeren Maßnahmen greifen. Flinders berichtet, dass der Kater einmal, nachdem der letzte Bissen gerade im Munde eines solchen Midshipmans verschwunden war, an dessen Weste zum Gesicht hochkletterte. Mit beiden Vorderpfoten zog er die Mundwinkel des verblüfften Fähnrichs auseinander und als dieser vor Überraschung einen unartikulierten Laut ausstieß und dabei die Lippen öffnete, fischte sich der damals noch junge Kater den Bissen blitzschnell aus dem Mund.

Natürlich darf der Leser davon ausgehen, dass Flinders (nicht nur) diese Anekdote ein wenig ausgeschmückt, die Aktionen des zutraulichen Katers etwas überhöht hat. Darüber, dass so ein Schiffskater durchaus ein wenig Abwechslung in das Leben der Midshipmen brachte, besteht aber kein Zweifel. Deren gesellschaftliches Leben an Bord beschränkte sich nämlich im Wesentlichen auf die gemeinsamen Mahlzeiten. Die wurden in der Fähnrichsmesse eingenommen, ein großartiger Begriff für die zwischen den Seekisten angebrachten Tischplatten, über denen zum Schlafen die

Hängematten aufgespannt wurden. Als Bänke dienten die besagten Seekisten. Natürlich gab es gewisse Unterschiede zu den Lebensbedingungen der normalen Seeleute vor dem Mast. Ein wenig mehr Platz hatten die Midshipmen schon zur Verfügung und selbstverständlich standen ihnen auch dienstbare Geister zur Verfügung. So etwa ein Steward, der sich um das Servieren der Speisen und den Haushalt der Mittschiffs-Wohngemeinschaft kümmerte.

Trotz allem war der Dienst an Bord durchaus hart und – gerade auf einem Forschungsschiff seiner Majestät – auch recht gefährlich, wie das Beispiel von Cooks unglücklichen Midshipman gezeigt hat. Außer aus den Erwähnungen in den Log- und Tagebüchern der Reisegesellschaft ist über Monkhouse nichts weiter zu erfahren. Viel spricht dafür, dass der Retter der Endeavour, ein Seemann war, der wie Cook vom Unterdeck eines Frachtschiffes „über die Ankerkette" zum Offiziersanwärter aufgestiegen war. Seine Karriere hätte durch die lobenden Erwähnungen in Cooks und Banks Reisenotizen sicherlich erheblichen Auftrieb erhalten, wäre er nicht 1771 der Seuche an Bord zum Opfer gefallen. Auch die Laufbahn des William Taylor von der Investigator endete bereits während der Expedition. Am 21. Februar 1802 ereignete sich ein Unglück, das neben Flinders Freund und Weggefährten aus alten Tagen, den Master John Thistle und sechs Seeleuten, auch Midshipman Taylor das Leben kostete. Der Kapitän hatte die Gruppe ausgeschickt, um am Cape Catastrophe[60] an der Südküste Australiens nach Frischwasser zu suchen. Am Abend konnten die

Männer von der Investigator noch beobachten, wie der Kutter von der Küste zurückkehrte. Aber das Boot, das in der zunehmenden Dunkelheit außer Sicht geriet, kam nie an. Bei der Suche am nächsten Tag fand man lediglich den Kutter kieloben treibend. Offensichtlich war das Boot in einer Wasserwalze der starken Gezeitenströmungen gekentert und die Besatzung – von denen nur zwei Männer schwimmen konnten – dabei ertrunken.

Dass der Job eines Midshipman auf einem Expeditionsschiff seiner Majestät besonders gefährlich war, ist kein Zufall. Bereits während ihrer Ausbildung mussten hier die Offiziers-Azubis Aufgaben und Verantwortung übernehmen, die auf den großen Schiffen der regulären Navy üblicherweise Offizieren übertragen wurden. Und natürlich war es ein Unterschied, ob der Midshipman Teil einer je nach Schiff bis zu 1000 Menschen umfassenden, gut eingespielten Militärmaschinerie war, oder einer auf sich selbst gestellten kleinen, kaum hundertköpfigen Einheit, die den Auftrag hatte, unbekannte Regionen des Erdballs zu erforschen.

Flinders hatte selbst schon als Fähnrich intensive praktische Erfahrungen in Erkundung und Vermessung an der australischen Küste gesammelt. Er wusste, was seine Midshipmen dort erwartete. Daher erließ er am 21. August 1801 auf dem Weg von Madeira zum Kap der guten Hoffnung folgenden Befehl an seine Offiziere und „Gentleman of the ship":

„Der Kommandant, erfreut über die Aufmerksamkeit, die die übergeordneten Offiziere des Schiffes bereits den astronomischen Beobachtungen entgegen-

Junge Herren beim Studium unter Deck. Gabriel Bray 1775.

gebracht haben, ordnet hiermit an, dass die Offiziere während der Reise in die tropischen Breiten vier statt drei Wachen gehen, bis ein anderer Befehl ergeht."[61]

Der Befehl räumte seinen Offizieren und Gentlemen – also den Offiziersanwärtern – scheinbar mehr Freizeit ein. Unerfahrene Untergebene hätten das durchaus als Schwäche des jungen Kommandanten missverstehen können. Vielleicht hatte der Midshipman Nathaniel Bell den Befehl tatsächlich missverstanden. Vielleicht war ihm aber nach der anschließenden Erklärung Flinders auch bewusst geworden, dass die Reise mit der Investigator weniger Komfort, vor allem aber auch weniger Chancen auf schnelle Karriere und Wohlstand bot, als der Dienst in der regulären Navy. Jedenfalls bat er darum, nach England zurückkehren zu dürfen. Und so überstellte Flinders den Fähnrich in der False Bay[62] am Kap der Guten Hoffnung am 30.Oktober auf die HMS Hindoostan. Im Gegenzug kam Dennis Lacey von der HMS Lancaster an Bord der Investigator. Wie seinem Vorgänger und Vorbild James Cook war auch Flinders daran gelegen, nur mit Freiwilligen auf die Reise zu gehen. Und er legte Wert darauf, dass seine Leute seine Befehle verstanden. Die Erläuterung zu seiner Anordnung, vier Wachen zu gehen, liest sich im Logbuch folgendermaßen:

„Diese Maßnahme ist ausschließlich in der Absicht erlassen worden, den Offizieren mehr Zeit zur Verfügung zu stellen, um sich mit Astronomie, Vermessung und Kartografie zu befassen und so viel wie möglich über die Dinge zu lernen, die notwendig sind, um sich erstklassig für die Ausführung der schwierigen Aufgaben vorzubereiten, mit der wir beauftragt sind. Und der Kommandant vertraut also darauf, dass dieser Zuwachs an Freizeit für den Zweck verwendet wird, zu dem er gegeben wurde.

Die Herren des Achterdecks sind in der gleichen Hinsicht und mit gleicher Absicht eingeschlossen."

So war der Alltag der Midshipmen und Offiziere auf der Reise nach Australien vor allem von Lernen geprägt. Und wenn nicht gerade ein Hafen oder Flottenstützpunkt angelaufen wurde, um das Schiff überholen zu lassen und die Vorräte aufzufrischen, war die tägliche Routine auf den langen Seestrecken meist weit ent-

fernt von Spannung und Abenteuer. „Von den Steuer-
mannsmaaten und Fähnrichen des Schiffes", so schickt
Flinders seinen ausführlichen Arbeitsanweisungen an
die Midshipmen voraus, „wird viel erwartet." Auf Wa-
che haben die Fähnriche und Maate die Befehle der
Offiziere und ihre Ausführung nicht nur aufmerksam
zu beobachten, sondern auch zu beaufsichtigen, Voll-
zug zu melden und sich bei Bedarf tatkräftig an der
Ausführung zu beteiligen. Bei Arbeiten wie Segelset-
zen im Topmast – also ganz oben – sollen die älteren
Midshipmen mit aufentern. In mittlerer Höhe sollen
je nach körperlicher Fähigkeit die jüngeren Gentlemen
mit anpacken. Grundsätzlich gilt: Es wird voller Einsatz erwartet. Interessanterweise wird den Midshipmen
auch dringend ans Herz gelegt, den Rudergänger nicht
durch Gespräche in seiner Konzentration zu stören.
Das ist nicht nur als Zeichen für die Geschwätzigkeit
der jungen Herren zu werten, sondern lässt auch auf
eine gewisse Eintönigkeit des Wachdienstes auf langen Strecken schließen. Zumal auch die Wachoffiziere
den Befehl hatten, grundsätzlich dafür zu sorgen, dass
niemand den Rudergänger anspricht. Aber die Arbeit
der zukünftigen Offiziere bestand ja nicht nur aus
Wachdienst. Wer von den Midshipmen erwartete, zur
Leutnantsprüfung zugelassen zu werden, hatte auch ein
Berichtheft zu führen. Darin mussten die beobachtete
Breite, also die Nord-Süd-Position und die Länge, also die Ost-West-Position festgehalten werden. Selbst
gemessen und berechnet natürlich und zwar nach jeder
Messmethode, die der Midshipman bereits beherrschte.
Die Methoden, die ihm noch nicht bekannt waren, hatte

er sich selbständig und natürlich mit Unterstützung des Astronomen und Kommandanten anzueignen. Das gleiche galt für die Vermessungs- und Kartierungstechniken. Mit dem Erlernen dieser Fähigkeiten, so Flinders, mache sich der Midshipman nicht nur zu einem nützlichen Mitglied der Expedition, sondern lege natürlich auch eine solide Basis für seine zukünftige Karriere.

Am ersten Tag jeden Monats mussten die Offiziersanwärter dem Kommandanten ihre Berichthefte und weitere Dokumentationen und Leistungsnachweise zur Durchsicht vorlegen.

Auch Trim beteiligte sich mit großem Eifer am Ausbildungsprogramm. So war er gerne bei den Längenmessungen mit dem Chronometer zugegen. Er begutachtete das tickende Gerät von allen Seiten und ließ ihn nicht aus den Augen, bis der Offizier mit einem lauten „Stopp" das Ende der Zeitmessung und das Erfassen der Messdaten ankündigte. Dann, so erzählt Flinders, sprintete der Kater zum Offizier, um mit einem Miau die Ergebnisse einzufordern. Größte Aufmerksamkeit widmete Trim auch dem ordnungsgemäßen Zustand der Leinen, an denen das Senkblei zur Tiefenmessung oder das Log zur Geschwindigkeitsmessung hingen, und die sich beim Auswerfen oder Einholen der Geräte wie Schlangen über das Deck bewegten. Und ganz im Sinne der Anordnungen des Kommandanten unternahm der vielseitige und engagierte Schiffskater auch eigene Untersuchungen. Als Beispiele seien hier nur Experimente mit runden Körpern genannt. An deren

Bahnen und Bewegungen an Deck – entstanden durch verschiedene Impulse, die er ihnen mit seinen Pfoten verpasste – studierte er Phänomene wie Beschleunigung und Gravitation.

Vor allem aber hatte es ihm die praktische Seemannschaft angetan. Wenn beispielsweise ein Segel gekürzt werden musste, wartete er zusammen mit der Mannschaft auf den Befehl „Ab in die Wanten". Dann sprang er zusammen mit den Männern auf und war vor allen anderen oben, um von geeigneter Stelle aus die Arbeiten wie ein Offizier zu überwachen. Keine Frage, als Vierbeiner stand ihm das nicht zu, betont Flinders. Aber diese Autoritätsanmaßung nahm ihm niemand übel.

Bei der Lektüre der Logbücher und Reiseberichte Flinders wird deutlich, dass – bei aller Aufrechterhaltung der formalen Hierarchien – die Expeditionsgesellschaft der Investigator schon eine besondere Truppe war. Hinsichtlich der Ränge, die die Offiziere auf den regulären Schiffen der Navy eingenommen hatten, gab es auf dem Forschungsschiff naturgemäß nur wenig Unterschiede. Matthew Flinders war ein zum Leutnant ernannter Steuermannsmaat, all seine Offiziere mussten also im Navy-Rang unter ihm stehen. Da gab es nicht viele Möglichkeiten. Und dennoch blieb auch an Bord der Investigator – wenn man einmal von den Sonderrechten Trims absah – die konsequente Trennung der Hierarchieebenen bestehen. Eine zweischneidige Geschichte, wie eine Anekdote in Zusammenhang mit dem Unglück am Cape Catastrophe zeigt.

Vor der Abfahrt aus England hatte John Thistle nichts Besseres zu tun, als den Wahrsager Pine aufzusuchen. Der sagte dem Master der Investigator eine lange Reise voraus. Und sein Schiff würde sich am Bestimmungsort mit einem anderen treffen. Das war angesichts der Tatsache, dass die Investigator bereits auf der Reede vor Spithead auf seinen Master wartete, sicherlich nicht wirklich überraschend. Dass die Vorhersage des alten Pine eintraf, Thistle würde verloren gehen, noch bevor das tatsächlich geplante Treffen mit dem anderen Schiff, der Lady Nelson, stattgefunden habe, erschien dann doch erstaunlich. Zumindest beeindruckte das den Rest der Mannschaft so sehr, dass sie die Vorhersage, die der Alte auch ihnen gemacht hatte, ernst nahmen. Den Männern sagte er nämlich einen Schiffbruch voraus, allerdings nicht mit dem Schiff, mit dem sie losgesegelt seien.[63]

Thistle wurde nicht müde, die Vorhersage des alten Pine in der Offiziersmesse zu Besten zu geben, wie Leutnant Fowler seinem Kapitän nach dem Unglück am Cape Catastrophe erzählte. Dass ausgerechnet der Kommandant der letzte auf dem Schiff war, der von dieser Geschichte erfuhr, liegt in der Natur der Navy. Als Kapitän hatte Flinders nur auf Einladung Zugang zur Offiziersmesse und umgekehrt hatten auch die Offiziere ohne ausdrückliche Einladung nichts in der Runde von Kapitän und Wissenschaftlern zu suchen. Die jeweiligen Kreise blieben also außerhalb der Arbeit weitestgehend unter sich. Dabei wären solche Informationen über die Befindlichkeiten seiner Leute für den Kommandanten nicht unwichtig. Jedenfalls bekam Flinders die Auswirkungen der Wahrsagerei, von der er offiziell nichts wissen durfte, ohne seinen Leutnant zu diskreditieren, schmerzhaft zu spüren. „Und ich bemerkte", schreibt er in seinem Reisebericht, „dass jedes mal, wenn meine Bootsmannschaft mit mir auf die Lady Nelson[64] übersetzte, eine gewisse Befürchtung bei ihnen zu verspüren war, dass es diesmal zum vorhergesagten Schiffbruch kommen könnte."[65]

Unterwegs – bis ans Ende der Zivilisation

Als die Investigator am 18. Juli 1801 in Spithead ihren Anker lichtete, um ihre lange Reise nach Australien anzutreten, nahm sie zunächst Kurs auf die portugiesische Inselgruppe Madeira, westlich der marokkanischen Küste. Rund zwei Wochen später warf Flinders auf der Reede vor Funchal Anker. Vorräte wurden aufgefrischt, Wein für die Mannschaft und bester Madeira für Kapitän und Wissenschaftler eingekauft, Instandsetzungsarbeiten am Schiff vorgenommen. Diplomatische Anstandsbesuche beim portugiesischen Gouverneur, Gespräche mit dem britischen Konsul, Treffen mit den Kapitänen der britischen Flottille, die ebenfalls auf der Reede lag, und diverse Landausflüge von Kapitän und Wissenschaftlern füllten das fünftägige Programm des ersten Zwischenstopps. Am 8. August setzte die

Investigator ihre Reise fort, um schließlich am 17. Oktober in der False Bucht am Kap der Guten Hoffnung einzulaufen und hier auf zahlreiche andere britische Schiffe zu stoßen. Wie eintönig solche Reisen waren, zeigen die folgenden Logbucheinträge Flinders über besondere Ereignisse während der Fahrt zum Kap der Guten Hoffnung:[66]

„15./16. August: Passieren der Insel San Antonio.

18. August: Über Bord gegangener Mann wird gerettet.

26. August: Die kleine Schwalbe, die dem Schiff nun seit mehreren Tagen folgt, wird vermisst. Zwei Tage später findet man sie tot in Flinders' Salon unter einer Kommode.

7. September: Einen großen Tümmler erlegt. Der brachte rund 24 Liter Öl und weitere eineinhalb Pfund Fleisch pro Mann.

8. September: Überqueren des Äquators. Der Kommandant erlaubt die Durchführung des vollen Programms der Äquatortaufe mit Rasieren und Untertauchen. Am Ende erhält die Mannschaft so viel Grog wie sie trinken kann.

13. September: Das Schiff gerät in schwere See und muss durch Verlagerung der Ladung und Kanonen neu getrimmt werden. Es zeigen sich Schwächen in den Verbänden.

20. September: Zielschießen auf ein Fass mit den schweren Geschützen und Drehbassen.

23./24. September: Investigator passiert Trinidad.

9. Oktober: Die Matrosen Flint und Robinson werden mit 6 Peitschenhieben wegen einer Schlägerei bestraft."

Ein Seesoldat hat es sich bei den Matrosen unter Deck gemütlich gemacht. Gabriel Bray 1775.

Dass es nur eine Bestrafung und keine Krankheiten an Bord gegeben hat, lag zweifellos an dem ausgewogenen Beschäftigungs- und Verpflegungsprogramm. „Zu dieser Zeit", so schreibt Flinders bei der Ankunft in der False Bay in seinem Bericht nicht ohne Stolz, „stand keiner auf der Krankenliste. Sowohl Officiere als Untergebene waren so gesund, wie bei der Abfahrt von Spithead."[67]

Die tägliche Routine begann bereits bei Sonnenaufgang und bestand neben der ständigen Produktion und Dokumentation von Positions- und Wetterdaten, Geschwindigkeits- und Temperaturmessungen, aus festgelegten Reinigungs- und Instandsetzungsarbeiten.

Besonders wichtig waren Flinders in diesem Zusammenhang die Maßnahmen, die der Vermeidung von Krankheiten und dem gefürchteten Skorbut dienten. An jedem schönen Tag mussten das untere Deck und die Räume gescheuert, durch Kohlepfannen getrocknet und mit Weinessig besprengt werden. An feuchten und trüben Tagen wurden die Böden nur gereinigt und getrocknet. Das Bettzeug, sowie der Inhalt der Seekisten beziehungsweise -säcke musste in regelmäßigen Abständen an Deck ausgelüftet werden, Schlafen an Deck oder in nasser Kleidung war verboten. Hygiene wurde großgeschrieben an Bord. Und so musste die Mannschaft jeden Sonntag und Donnerstag frisch rasiert, gewaschen und in sauberer Kleidung zur Musterung durch den Kapitän antreten. Bemerkenswert dabei: Kein einziges mal gab es Grund zur Beanstandung. Routine und Kontrolle war die eine, Abwechslung und Vergnügungen die andere Methode, um die Disziplin an Bord zu gewährleisten und die Moral der Mannschaft aufrecht zu erhalten. Und so gab es nicht nur das volle Programm bei der obligatorischen Äquatortaufe, sondern an schönen Abenden kündeten, wie es Flinders formuliert, „Trommeln und Pfeife an, daß das Vorderdeck zum Tanze bestimmt sey. Auch gestattete ich andere scherzhafte Vergnügungen, die mehr nach dem Geschmacke der Seeleute und nicht unanständig waren."[68]

Was immer unter solchen Vergnügungen zu verstehen ist, Flinders' Bordprogramm basierte auf den Erfahrungen, die der von ihm hoch verehrte Vorgänger James Cook auf seinen Forschungsreisen gemacht hatte.

Gegen den Skorbut, jene Mangelerscheinung, der mehr Seeleute zum Opfer fielen, als allen Seeschlachten jener Zeit zusammen, gab es Orangensaft und Zucker beziehungsweise Sauerkraut und Weinessig. Dass Vitamin-C- Mangel Ursache der verheerenden Krankheit mit Zahnausfall, Durchfall, Fieber, Knochenschmerzen und am Ende Tod durch Herzschwäche war, wusste auch zu Cooks und Flinders' Zeit noch niemand. Die Kenntnis der Skorbut hemmenden Wirkung von Orangen- und Zitronensaft, frischen Lebensmitteln und Grünzeug war ein Ergebnis von Erfahrung. Man führte die Wirkung auf die Säure im Obst zurück, weshalb man glaubte, Sauerkraut und Weinessig wären eine gute Alternative zu den teuren und auf langen Seereisen nicht immer verfügbaren Zitrusfrüchten. Malzessenz stand ganz oben auf Cooks Liste der Mittel, die bei drohendem Skorbut und zur Linderung der Symptome eingesetzt wurden. Flinders hatte einen Vorrat für die Gewässer an der australischen Küste mitgenommen. Vier Tage in der Woche gab es Hafergrütze zum Frühstück. Die übrigen drei Tage gab es Reis anstelle des üblichen Käses. Viermal wöchentlich bestand das Mittagessen aus Erbsensuppe und dreimal bildete eingedickte Fleischbrühe mit Zwiebeln, Pfeffer und anderen Zutaten die Beilage für das Pökelfleisch. Auf der gesamten Reise stand allen unbegrenzt Wasser zum Kochen und Trinken zur Verfügung. Zwei Fässer Wasser pro Woche gingen oft allein für die Wäsche drauf.

Nicht zu vergessen natürlich der Beitrag, den Trim zur Seuchenprävention leistete. Bereits wenn in den angelaufenen Stützpunkten – wie Madeira oder die False Bay – die Lebensmittel ergänzt wurden, lauerte er den

Unter Deck: Ein englischer Seemann lehnt an einer Verstrebung. Das Halten des Kopfes spricht für übermäßigen Alkoholkonsum. Schön zu sehen, der typische zusammengebundene Zopf der englischen Matrosen. Gabriel Bray 1775

Ratten und Mäusen auf, die durch die hin und her bewegte Ladung aufgescheucht wurden und vernichtete sie gnadenlos. Sein Einsatz war heroisch, denn oft genug drohte er im Diensteifer von einem umkippenden Fass oder einer Kiste erschlagen zu werden. Auf See ließ er sich des Öfteren sogar für mehrere Tage in den Vorratskammern einschließen, um ungestört seiner Arbeit im Dienste der Mannschaft nachgehen zu können. Das Ergebnis der Bemühungen des Kapitäns und seines Katers war ein verhältnismäßig kurzer Aufenthalt an der südlichen Spitze des afrikanischen Kontinents, weil die Mannschaft vor der Weiterfahrt nicht erst wieder genesen musste.

Das Schiff allerdings hatte eine Genesungspause nötig. Bereits während der Reise musste einiges an der Takelage ausgebessert werden, Spieren ersetzt, Tauwerk erneuert, gebrochene Maststangen ausgetauscht werden. Und das Schiff nahm ständig Wasser, vor allem in schwerer See und beim Segeln hart am Wind, das die Verbindungen zwischen Spanten, Kiel und Planken besonders stark beansprucht. Entsprechend den sehr detaillierten Befehlen der Admiralität erhielt Flinders zur Instandsetzung der Investigator auch in der False Bay die nötige Unterstützung an Personal und Material von den anderen Schiffen seiner Majestät.

Rund zweieinhalb Wochen dauerte die Generalüberholung des Forschungsschiffes. Dabei wurden unter anderem Rumpf und Decks abgedichtet, der Kupferbeschlag gereinigt und ausgebessert und das ganze Schiff einschließlich der Masten mit einem neuen Anstrich versehen. Als die Investigator am 4. November den zweiten Teil ihrer Reise antrat, da waren ihre Frachträume auch wieder bis zum Rand mit Material und Proviant aufgefüllt.

Wirklich aufregend verlief auch die Non-Stop-Fahrt zur Küste des australischen Neu-Holland nicht. Und als Anfang Dezember 1801 das Festland in Sicht kam, da standen gerade einmal zwei Bestrafungen wegen Trunkenheit und Befehlsverweigerung im Logbuch Flinders'. Das war zu jenen Zeiten zweifellos eine gute Bilanz, auch wenn der genauere Blick in die Akten aus heutiger Sicht etwas anderes vermuten lässt. Betrachten wir nämlich den Zeitraum von der Übernahme der Investigator durch Flinders im Januar 1801 bis zum Verlassen des australischen Hafens Port Jackson Mitte Juli 1802, so ergibt sich folgendes Bild: Mit rund 370 Peitschenhieben hatte der Kapitän innerhalb dieser knapp 19 Monate diverse Vergehen seiner Mannschaft bestrafen müssen (siehe auch die Tabelle im Anhang). Unter der heute so beliebten Betrachtung waren dies im statistischen Durchschnitt immerhin rund 20 Hiebe mit der gefürchteten neunschwänzigen Katze pro Monat. Dass neben den obligatorischen Vergehen wie Trunkenheit, Schlägerei und Pflichtverletzung – heute würde man das als Schluderei bei der Arbeit bezeichnen – ausgerechnet Aufsässigkeit, Befehlsverweigerung und Desertationsversuche den Schwerpunkt der Vergehen bildeten, erscheint zunächst ein wenig merkwürdig.[69] Immerhin hatte Flinders bei der Rekrutierung seiner Mannschaft doch so viel Wert auf Freiwillige gelegt. Aber der Dienst des einfachen Seemanns in der Royal Navy hatte in der Realität nur bedingt etwas mit Freiwilligkeit zu tun. Und im Falle der Mannschaft der Investigator waren die Männer ja nicht gefragt worden, ob sie denn gerne weiterhin in der Navy dienen wollten. Die Alternative bestand überspitzt formuliert lediglich in der Wahl zwischen regulärer Flotte – wo tödliche Langeweile im Blockadedienst der Kanalflotte und Tod oder Verstümmelung in einer Schlacht drohte – oder einem abenteuerlichen Trip nach Australien mit allen Gefahren, die lange Reisen in unbekannte Gewässer mit sich brachten. Hinzu kommt, dass der Kapitän eines Navy-Schiffes keinen Einfluss auf die Personalpolitik bei den Seesoldaten hatte. Es ist unwahrscheinlich, dass den 15 Marineinfanteristen der Investigator ebenfalls die Wahl gelassen wurde, ob sie im schlimmsten Fall in einer Seeschlacht lieber aus den Masten ihres Linienschiffes geschossen oder von „Eingeborenen" am anderen Ende der Welt erschlagen werden wollten. Und so findet sich unter den Delinquenten eben auch eine Reihe von Seesoldaten, die sich durch Ungehorsam und Respektlosigkeit gegenüber Vorgesetzten und meuterisches Verhalten hervorgetan haben.

Aufschlussreicher als die Gesamtzahl der Schläge oder Bestrafungen für die Bewertung der Moral der Mannschaft und der Führungskompetenz des Kapitäns sind ganz andere Faktoren. Und die eigentlichen Fragen, die sich in Zusammenhang mit Verfehlungen und Strafen vor allem bei einer Forschungsreise in unbekannte und „zivilisatorisch" unerschlossene Gebiete stellen sind: Können sich Offiziere und Wissenschaftler – trotz der gesellschaftlichen Gegensätze – in jeder Situation auf die Loyalität ihrer Untergebenen verlassen? Schließlich sind Befehlsverweigerung und unerlaubtes Entfernen der Männer, die den Wissenschaftlern bei ihren Forschungsaktivitäten an Land den Rücken von Gefahren freihalten sollen, keine gute Grundlage für eine erfolgreiche Mission. Tatsächlich gab es die meisten Verfehlungen und Bestrafungen vor der Abreise der Investigator aus England. Während des zähen und für die Mannschaft oft langweiligen halben Jahres der Ausrüstung des Schiffes, wurden insgesamt 13 Mann bestraft, zwei davon mehrmals. Ganz überwiegend handelte es sich bei den Vergehen um unerlaubtes Entfernen bis hin zu Desertationsversuchen. Kein Wunder, denn Landgänge waren erlaubt, und die Gelegenheit sich aus der Navy – oder dem Marinekorps – zu verabschieden, um an Land oder auf einem Kauffahrer einen lukrativeren Job zu ergattern, verlockend. Im Grunde sind nur rund sieben Desertationsversuche in einem halben Jahr auf Reede beziehungsweise im Hafen eine hervorragende Bilanz.

Während der Fahrt nach Madeira gibt es keinen entsprechenden Logbucheintrag und auch der Aufenthalt in Funchal verlief diesbezüglich ereignislos. Die Prügelei kurz vor Erreichen des Kaps der Guten Hoffnung wurde bereits erwähnt. Und die war wohl recht harmlos, schließlich mussten die beiden Streithähne nur jeweils sechs Peitschenhiebe einstecken. Während des gut zweiwöchigen Aufenthaltes in der False Bucht – wieder eine für die Mannschaft höchst langweilige Angelegenheit – sind zwei Trunkenheitsfälle vermerkt. Zwölf Hiebe waren die Regel, maximal 36 gab es für ganz hartnäckige Wiederholungstäter. Die wurden allerdings nur einmal verhängt und das war in Port Jackson, dem Hafen von Sydney.

Sydney war damals immerhin die Hauptstadt der britischen Kolonien in Australien. Als immer noch Sträflingskolonie und bekannt für die Korruption seiner Offiziere, dürfte die Stadt durchaus einen zweifelhaften Einfluss auf ohnehin nicht zimperliche Seeleute gehabt haben. Und trotzdem, sieben Disziplinarstrafen innerhalb von zwei Monaten Aufenthalt können sich durchaus sehen lassen.

Am 09.05.1802 erreichte Flinders nach ausführlicher Untersuchung der australischen Südküste den Hafen von Sydney, wo die Lady Nelson auf Befehl der Admira-

Blick auf Sydney in New South Wales, von John Eyre, 1809.

lität bereit lag, um gemeinsam mit der Investigator nun die östliche Küste des Kontinents zu erforschen. Die Lady Nelson war ein kleines, zweimastiges Schiff. Flinders hoffte, damit auch in Flussmündungen vordringen zu können, die für die Investigator zu flach waren. Tatsächlich konnte Lady Nelson wesentlich dichter an der Küste segeln und dadurch Beobachtungen machen, die der Investigator entgehen mussten. Für die Flusserkundungen war das Walboot[70], das Flinders in Sydney hatte anfertigen lassen und das nun ebenfalls mitgeführt wurde, allerdings wesentlich besser geeignet. Am 9. Juni 1803 kehrte die Investigator nach der Umrundung Australiens nach Port Jackson zurück. Und während die Mannschaft bei ihrer ersten Ankunft rund ein Jahr zuvor noch bei bester Gesundheit war, glich das Schiff nun einem Hospital. Bereits Mitte April hatte sich im Golf von Carpentaria eine Fieberepidemie mit Diarrhö angekündigt. Am 13. Mai 1803 verzeichnete der Schiffsarzt 14 Männer auf der Krankenstation. Kurz zuvor waren Flinders' Bootsführer und ein weiterer seiner besten Leute an der Ruhr gestorben, fünf andere, darunter der Gärtner Peter Good aus der wissenschaftlichen Gesellschaft der Expedition, folgten in den nächsten Tagen.

Auch an Trim waren die schlechten klimatischen Bedingungen und der Mangel an frischen Lebensmitteln, der sich im Laufe der Reise einstellte, nicht spurlos vorübergegangen. Möglicherweise hatten auch sein unermüdliches Studium und sein selbstloser Einsatz bei der Seuchenprävention ihren Teil dazu beigetragen. Jedenfalls stellt Flinders fest, dass der Kater eine Menge Gewicht verloren hatte und beinahe grau geworden war. Trim schien vorzeitig zu altern. Glücklicherweise lief er kurze Zeit nach der Rückkehr in den Hafen Sydneys wieder zu seiner alten Form auf. Sein Fell gewann seine seidig schwarze Farbe und der Kater „seine gewohnte Stattlichkeit zurück." Auch die Männer der Investigator erholten sich schnell wieder.

Die Lady Nelson hatte den Hafen von Sydney übrigens schon vor der Ankunft der Investigator unbeschadet erreicht, die Vorhersage des Wahrsagers hatte sich ganz offensichtlich nicht auf die australische Brigg bezogen. Die hatte Flinders am 18. Oktober 1802 nach Port Jackson zurückgeschickt, während er mit der Investigator die Reise allein fortsetzte. Ein Kandidat für einen veritablen Schiffbruch war die Lady Nelson allemal gewesen. Unzählige Male war sie auf Grund gelaufen und vom Wind gegen die Küste gedrückt worden, von der sie sich immer nur mit Mühe freisegeln konnte. Ständig musste die Investigator auf ihre kleine Begleiterin warten und oft genug war das – wie Flinders es nannte – träge und inzwischen auch recht ramponierte Schiffchen eher eine Belastung als eine Hilfe. Da kam die Bitte eines der eingeborenen Dolmetscher, unbedingt nach Port Jackson zurückkehren zu wollen, offensichtlich gerade recht. Erleichtert stellte Flinders schon am folgenden Tag nach einer schwierigen Riff-Passage Fest: „Bei dieser Gelegenheit bin ich sehr glücklich, dass die Lady Nelson bereits abgesegelt ist, denn dieser Gefahr hätte sie mit allergrößter Wahrscheinlichkeit nicht entkommen können."[71]

Es war die HMS Porpoise, mit der Flinders und ein großer Teil der Besatzung die Rückreise nach England angetreten hatte, weil das alte Expeditionsschiff Investigator nach einer Inspektion in Sydney als nicht mehr einsatzfähig galt. Am 17. August 1803 geriet die Porpoise auf ein Riff der Cato's Bank. Diese Havarie war für das Schiff nicht so glimpflich ausgegangen wie die von Kapitän Cooks Endeavour. Kapitän, Mannschaft und der tapfere Trim, der Flinders und seinem Leuten natürlich auf die Porpoise gefolgt war, mussten miterleben, wie das Schiff in der Nacht auf dem Riff auseinanderbrach. So hatte sich die Prophezeiung des alten Pine nun doch noch erfüllt. Nur mit Mühe konnten sich Besatzung und Schiffskater mit Ausrüstung und Proviant auf eine Insel des Riffs retten. Zwei Wochen mussten die Schiffbrüchigen auf ihre Rettung warten und während dieser Zeit stellte der unerschrockene Trim all seine Qualitäten unter Beweis. Er bewachte die knappen Lebensmittelvorräte mit dem gewohnten Eifer und hielt durch sein ungebrochen freundliches Wesen die Moral der Mannschaft aufrecht.

Beobachten, Messen, Dokumentieren

Terra del Fuego, 16. Januar 1769:[72] Als Joseph Banks und Dr. Solander, begleitet von den Herren Monkhouse und Green, mit ihren Dienern und zwei Matrosen als Träger an Land gingen, schien die geplante Tour ein Spaziergang zu werden. Die Partie der Wissenschaftler hatte zum Ziel, möglichst weit ins Land vorzudringen und wenn möglich, die Hügel zu erklimmen, deren kahle Plateaus aus den dichten Wäldern hervorlugten. Dort vermuteten sie eine alpine Pflanzenwelt, die sie unbedingt untersuchen wollten. Zwar mussten sie sich durch das Dickicht der Wälder kämpfen und naturgemäß ging es ständig bergauf, aber die Temperatur war angenehm und es gab keine Insekten, die die Herrschaften quälten. Gegen drei Uhr hatten die Wanderer die angepeilte Bergkuppe erreicht. Nun wurde es mühsam.

Um überhaupt im niedrigen, zähen Birkengestrüpp voranzukommen, mussten sie ständig die Beine heben und wie Störche durch das hüfthohe Gestrüpp waten.

Noch waren die Männer guter Dinge, wenn auch ein wenig müde. Aber gerade als Banks die Schwierigkeiten des Weges überwunden glaubte, erlitt einer der Begleiter einen Krampf. Die Wissenschaftler ließen ihre Begleiter lagern und setzten den Weg auf die Hochebene allein fort. Tatsächlich fanden sie dort die Botanik, die sie gesucht hatten. Allerdings war es nun zu spät, das Schiff noch am gleichen Abend zu erreichen. Banks, der ohnehin das Kommando über die Gruppe hatte, beschloss zwar den Rückweg anzutreten, aber irgendwo in einem schützenden Tal ein Nachtlager aufzuschlagen. Denn es war inzwischen empfindlich kalt geworden. So kalt, dass Dr. Solander als ersten die Kräfte verließen und er sich erschöpft zu Boden warf. Banks hatte größte Mühe, den Wissenschaftler schließlich zum Lagerfeuer zu bringen, das Mitglieder der Gruppe etwa eine halbe Meile entfernt an einem geeigneten Ort entfacht hatten. Banks musste den Diener Richards mit zwei weiteren Leuten zurücklassen. Zumindest war Richards bereit, eher zu sterben, statt auch nur einen Schritt weiterzugehen. Die Kälte, so beschreibt es Banks, ging durch Mark und Bein und die Gefahr zu erfrieren war real. Seit nunmehr zwei Stunden waren die gelegentlichen Schneeböen des Nachmittags in Dauerschneefall übergegangen. „Nun", so schreibt Banks in seinem Tagebuch, „darf unsere Situation tatsächlich fürchterlich genannt werden". Von zwölf Männern drohten bereits vier an Schwäche und Unterkühlung zu sterben, die Reisenden waren in einem Schneesturm gefangen, für den sie in keiner Weise ausgerüstet waren, die Lebensmittel drohten auszugehen und wie weit das Schiff entfernt war, konnte niemand sagen. Am nächsten Morgen stellte Banks fest: „Uns bleibt nichts anderes übrig, als hier zu bleiben und zu warten bis der Schneesturm vorbei ist."

Gegen acht Uhr Morgens lugte die Sonne zwischen den Wolken hervor und eine leichte Brise kam auf, genug um den Schnee von den Baumästen schmelzen zu lassen. Als der Schneefall gegen zehn Uhr begann, ein wenig nachzulassen, aßen die Männer ihren letzten Proviant und machten sich auf den Weg. Nach rund drei Stunden, schneller als erwartet, hatten sie schließlich den Strand und das Schiff erreicht. Zwei Männer waren allerdings nicht zurückgekehrt, sie waren auf dem Berg erfroren.

Nicht immer waren die Ausflüge so gefährlich, aber Risiken gab es genug. Da waren die Begegnungen mit den indigenen Bevölkerungsgruppen, wie die zeitgenössisch als Eingeborene bezeichneten Bewohner der für die Europäer unbekannten Gebiete heute politisch korrekt genannt werden. Missverständnisse und kulturelle Vorurteile machten den Kontakt mit den fremdartigen Humaniden oft zu einem – für beide Seiten – lebensgefährlichen Glücksspiel. Und selbstverständlich bot auch die Tier- und Pflanzenwelt ihre Gefahren. Nicht zuletzt aber war ebenfalls die aus heutiger Sicht oft recht naiv erscheinende Herangehensweise selbst voller Risiken.

Ansonsten aber lesen sich die wissenschaftlichen Teile der Journale eher langweilig. Denn mit der Abreise der Expedition aus dem Heimathafen entwickelten die Wissenschaftler eine geradezu manische Sammel- und Beobachtungstätigkeit. Noch bevor die Endeavour beispielsweise die europäischen Gewässer hinter sich gelassen hatte, konnte Joseph Banks schon zahlreiche unbekannte Tierarten, meist Insekten, Fische oder Weichtiere, die er mit seinem Kescher aus der Luft oder dem Meer gefischt hatte, beschreiben. Bereits am 17. August 1768, drei Tage nach der Abreise, vermerkt er in seinem Reisetagebuch die Beobachtung eines winzigen Salzwasserinsektes, das Dr. Solander als Meeresspringschwanz identifizierte. Gefunden hatte er es in einem Eimer Salzwasser, mit dem ein Fass ausgespült werden sollte. Am gleichen Tag sammelte er mit seinem kleinen Fangnetz eine Anzahl der Medusa Pelagica ein, eine Quallenart, unter der sich zufällig eine neue Spezies der Asseln befand. Am Abend saßen die beiden Naturforscher zusammen und erfreuten sich an den unterschiedlichen Schwimmbewegungen der Quallen. Verschiedene unbekannte Arten der Dagysa, einer Weichtierart entdeckten Banks und Solander noch vor der spanischen Küste. Aber selbst auf hoher See während schwachen Windes oder Flaute, wurden Banks und Solander nicht müde, alles zu sammeln und zu begutachten, was ihnen vor die Netze kam. Dazu ließen sie sich häufig mit einem Beiboot auf dem Meer umherrudern oder fingen die Vögel und Insekten, die sich auf dem Schiff niederließen. Und wenn sich die Gelegenheit ergab, kauften sie den Fischern an fremden Küsten ihren Fang ab, der nicht nur für die Küche bestimmt war, sondern zum Teil auch als Vorlage für den Zeichenblock diente oder im alkoholgefüllten Konservierungsglas landete.

Sophora tetraptera, gesammelt in der Tolaga Bucht, Neuseeland während der ersten Reise von James Cook. Gezeichnet in den 1770er oder 1780er Jahren.

Nach dem Fangen und Begutachten stand dann das Abzeichnen, Bestimmen und Beschreiben und im Bedarfsfalle eben Konservieren der Funde auf dem Programm. Hierzu eigneten sich die Zeiten, in denen nicht gefangen werden konnte, sei es wegen schlechten Wetters, sei es dass sich gerade nichts zum Fangen anbot. Zu schlecht durfte das Wetter allerdings auch nicht sein, denn den wackeren Banks streckte gelegentlich die Seekrankheit auf sein Lager und der botanische Zeichner Sydney Parkinson bekam bei den heftigen Bewegungen des Schiffes keinen sauberen Strich auf das Papier.

Eine unbekannte Art zu erkennen setzte natürlich das Vorhandensein einer Fachbibliothek voraus. Mit der waren alle Forschungsschiffe jener Zeit ausgestattet und die Wissenschaftler hatten natürlich auch noch ihre eigene Handbibliothek in ihrer Kajüte. Der Naturforscher war also trotz unverkennbaren Sammelzwangs kaum der Welt vergessene Sonderling, der mit seinem Schmetterlingsnetz im Urwald bunten Faltern hinterher hüpft. Er hatte sowohl während der Reise als auch danach ein mächtiges Arbeitspensum zu bewältigen. Allein Joseph Banks hatte rund 30.000 Pflanzen – meist natürlich getrocknet – 1000 zoologische Präparate und „Hunderte von Skizzen, Aquarellen und Gemälden von Tieren und Pflanzen, Menschen und verschiedenen Orten"[73] sowie ethnologische Artefakte von seiner Reise mit James Cook zurück nach London gebracht. Auch wenn es so wirkt, als habe Banks alles gesammelt, was nicht niet- und nagelfest war, dass er auch Weinstöcke, Obst- und Maulbeerbäume für die Seidenraupenzucht eingepackt hat, zeigt, dass die biologische Forschung jener Zeit bei aller Leidenschaft durchaus ganz praktischen Erwägungen folgte. Banks' Vermächtnis kann sich nicht nur hinsichtlich der Menge, sondern auch der Qualität sehen lassen. 110 neue Gattungen und 1.300 neue Arten hat der adelige Hobbybotaniker entdeckt. Rund 75 unterschiedliche Arten wurden nach ihm benannt, ebenso wie eine Reihe von Inseln. Der Vorschlag, Australien „Banksia" zu nennen, konnte sich allerdings nicht durchsetzen.[74]

Um ein wenig dabei zu helfen, die Arbeit, die allein hinter der Bestimmung von Gattung und Art in der biologischen Systematik steckt, zu verstehen, darf an dieser Stelle vielleicht der gute Trim herangezogen werden.[75] Der gehört innerhalb der Ordnung der Raubtiere ohne Zweifel zur Familie der Katzen, also der Felidae und aufgrund seiner Größe zur Unterfamilie der Kleinkatzen, Felinae. Hier findet sich Trim – natürlich systematisch gesehen – in der Gesellschaft von Leopard, Ozelot oder Luchs und Puma. Die Unterfamilie unterteilt sich in zahlreiche Gattungen und Trim bildet als Wildkatze zusammen mit Rohr-, Schwarzfuß-, Sand- oder Graukatze die Gattung der Altwelt-Wildkatzen Felis. Die Zugehörigkeit zur Art der Wildkatze, der Felis silvestris, nimmt man Trim im Dienst als Rattenfänger problemlos ab. Seine geradezu hemmungslose Zutraulichkeit allerdings machen für ihn und seine domestizierten Kollegen die Einführung der Unterart Hauskatze, Felis silvestris catus, notwendig. Hätte Banks den außergewöhnlichen Trim kennengelernt, wäre zu den von ihm entdeckten neuen Arten vielleicht auch noch die Unterart Felis silvestris navalis hinzugekommen. So aber fand lediglich eine namenlose Schiffskatze der Endeavour Eingang in Banks Reisetagebuch und zwar als Mörderin eine kleinen Vogels, der sich in der Takelage niedergelassen hatte.

Auch der Botaniker Robert Brown[76], der 1801 mit Matthew Flinders auf große Forschungsfahrt gegangen war, konnte eine beeindruckende Bilanz vorweisen. Dabei hatte Brown deutlich schlechtere Voraussetzungen als der wohlhabende Banks, der immerhin mit einem ganzen Stab von wissenschaftlichem Personal und Dienern ins Forschungsfeld gezogen war. Dennoch hatte der schottische Naturforscher, unterstützt vom botanischen Zeichner Ferdinand Bauer und dem Gärtner Peter Good, 1805 etwa 4.000 Pflanzenarten, die meisten davon der Wissenschaft noch völlig unbekannt, mit nach England gebracht. Bereits an Bord untersuchte Brown winzigste Lebewesen aus Wasserproben unter dem Mikroskop. Der Wissenschaftler war der erste, der Pflanzenpollen unter dem Mikroskop untersuchte und bestimmte. Und seine Entdeckung, dass sich Flüssigkeitsmoleküle unter Wärmezufuhr chaotisch bewegen, sollte als ‚Brownsche Bewegung‘ in die Physik eingehen. Fünf Jahre nach seiner Rückkehr verbrachte der Naturforscher damit, seine Aufzeichnungen, Zeichnungen und Präparate zu sortieren und davon mehr als 2.000 zu beschreiben. 1810 wurde Brown persönlicher Sekretär und Bibliothekar von Joseph Banks und war nach dessen Tod für die gesamte Banks'sche Sammlung verantwortlich. Brown machte sich zudem um eine Verbesserung der Klassifikation von Pflanzen verdient und erweiterte diese um neue Familien und Gattungen.

Pub. July 4 1795 by H. Humphrey N. 37
New Bond

e great South Sea Caterpillar, transform'd into a Bath Butterfly

...ription of the New Bath Butterfly, taken from the Philosophical Transactions for 1795.— " This Insect first crawld into notic...
...g the Weeds & Mud on the Banks of the South Sea ; & being afterwards placed in a Warm Situation by the Royal...
...ed by the heat of the Sun into its present form — it is notced & Valued Solely on account of the beautiful Red which ...

Der Befehl mit dem die Admiralität Matthew Flinders auf die Reise geschickt hat, macht deutlich, dass die Vermessung der australischen Küste zum Wohle der Entwicklung der noch jungen englischen Kolonie und der Ostindienkompanie Vorrang vor allzu zielloser Forscherleidenschaft hatte:

„Sie sollen sehr gewissenhaft bei der Untersuchung der besagten Küste sein und besonders darauf achten, jeden Umstand in Ihr Journal einzutragen, der für eine genaue Kenntnis dieser nützlich ist. Notieren Sie die zu den verschiedenen Jahreszeiten üblicherweise vorherrschenden Winde und Wetter, die Produkte und Fruchtbarkeit der Erde, die Sitten und Gebräuche der Einwohner soweit Sie in der Lage sind, diese zu erfahren. In allen Fällen stellen Sie wenn möglich durch astronomische Beobachtungen die genaue Länge und Breite auffälliger Landmarken, Buchten und Häfen fest, notieren Sie die Abweichungen der Kompassnadel und die Richtung der Gezeiten und Strömungen sowie die Pegel von Ebbe und Flut."[77]

Grundsätzlich, so geht aus der umständlichen Formulierung des Befehls hervor, sollen die knappen personellen Kräfte so eingesetzt werden, dass alle Informationen erfasst werden, die etwas Nützliches für den Handel oder die Produktion des Vereinigten Königreiches beinhalten könnten. Bei der umfangreichen Aufgabenstellung musste die Arbeit gut organisiert sein. In der Regel bedeutete das bei den Landgängen eine Aufteilung in Gruppen. So einen typischen Landgang unternahm die Expedition auch am 30.07.1802, etwa 14 Tage nachdem die Investigator zusammen mit der Lady Nelson den Hafen Sydneys verlassen hatte. Bereits bei der Anfahrt des Sandy Cape an der Spitze von Fraser Island, das schon James Cook erwähnt und als fruchtbar bezeichnet hatte, wurden einige Eingeborene am Strand beobachtet. Während die Lady Nelson unweit der Küste ankerte, um mit ihren Kanonen die Expedition zu sichern, ankerten die bewaffneten Boote, mit denen die Männer in drei Abteilungen an Land gebracht worden waren, außerhalb der Reichweite der Eingeborenen. Die Gruppe der Naturforscher, bestehend aus sechs Mann, ging zum oberen Ende der Bucht. Der Kommandant der Lady Nelson machte sich mit seinen Leuten daran, Feuerholz zu schlagen. Und Flinders begab sich mit seinen sechs Leuten, einschließlich des australischen Dolmetschers Bongaree, zur Spitze des Sandy Cape, wo sich die Eingeborenen mit Baumzweigen in der Hand versammelt hatten. Die Einheimischen zogen sich zurück und forderten die Europäer durch Handzeichen auf, das gleiche zu tun. Jetzt war der Dolmetscher gefragt. Bongaree[78] – übrigens einer der besten Freunde Trims – zog sich aus, legte seinen Speer beiseite und versuchte die scheuen Einheimischen zu beruhigen. Die aber verstanden Bongaree nicht, bei hunderten von Sprachen auf dem Kontinent nicht besonders verwunderlich. „Da er aber fand", so schildert Flinders die Situation, „dass sie seine Sprache nicht verstanden, redete sie der arme Mensch in seines Herzens Einfalt in gebrochenem Englisch an."[79]

Irgendwann erlösten die Eingeborenen den armen Bongaree aus seiner misslichen Situation und gestatteten zunächst ihm, dann auch den Anderen nach und nach näher zu kommen. Die Europäer verteilten die obligatorischen Geschenke[80] und luden die Einheimischen zur Grillparty am Strand ein. Zu diesem Zweck hatten sie extra Speck vom Schweinswal vom Schiff geholt. Und als die Naturforscher schließlich zurückkehrten, beendeten die Europäer die Party und verabschiedeten die Einheimischen, nicht ohne ihren „neuen Freunden" Äxte und andere Gaben zu überreichen.

Keine Frage, Bongaree aus der Gegend um die Botany Bay und die Menschen, die um die vielleicht 1500 Kilometer entfernte Hervey Bay herum wohnten, hatten nicht nur keine gemeinsame Sprache. Mit dem Schleuderstock, den Bongaree als Hebel benutzte, um den Speer zu schleudern, konnten die Bewohner der nördlichsten Spitze Australiens auch nichts anfangen. Als der Dolmetscher der Investigator einen seiner fremden Landsmänner einlud, seinen Schleuderstock auszuprobieren, warf dieser unbeholfen Stock und Speer gleichzeitig.

Trim hatte Bongaree übrigens bereits 1799 kennen gelernt als dieser mit Flinders, dessen Bruder Samuel und einer kleinen Mannschaft mit der Norfolk – einem gedeckten 25-Tonnen-Schiffchen – die nördlich von Sydney gelegenen Moreton und Hervey's Bays erkundete. Dort hatte der Kater, wie Flinders schreibt, auf eigenen Wunsch auch an Landgängen teilgenommen und mit Bongaree eine Form der nonverbalen Kommunikation eingeübt, die den eingeborenen Dolmet-

scher sicherlich auch bei den Kontakten mit fremd-
sprachigen Landsmännern geholfen haben dürfte. So
sprang Trim, wollte er etwas zu trinken haben, einfach
auf den Wasserkanister und maunzte seinen schwarzen
Freund an. Hatte Trim Hunger, lief er miauend direkt
zur Vorratskiste, von der er wusste, dass sie immer einen Leckerbissen für ihn bereithielt. Hatte Bongaree
verstanden und Trims Wünsche befriedigt, gab es eine
kuschelige Belohnung für seinen Schüler und somit
lernte Bongaree schnell.

Auch Flinders, obwohl ja mit seinen anderen Aufgaben mehr als ausgelastet, beteiligte sich an den Na-
turforschungen. So finden sich in seinen Aufzeichnungen nicht nur befehlsgemäß Notizen zu „Mineralien
und Metallen" der besuchten Landstriche. Mit seiner
Steinesammlung legte er auch die Basis für die älteste Mineralienkollektion, die von einer Forschungsreise stammt. 48 Proben, 29 von der südlichen Küste
Queenslands, 18 vom Golf von Carpentaria und einer
aus Timor bilden den Grundstein der „Flinders 1801-
03 HMS Investigator Rock Collection" im Londoner
Natural History Museum.[81] Es hätten durchaus noch
mehr sein können, aber ein Teil der Steinesammlung
war beim Schiffbruch der Porpoise verlorengegangen.

Neben seinen vielfältigen Aufgaben als Kommandant und Kartograph musste Flinders spätestens seit
dem Kap der Guten Hoffnung, wo der Astronom aus
gesundheitlichen Gründen das Schiff verlassen hatte, auch noch dessen Aufgaben übernehmen. Während
des Aufenthaltes am Kap der guten Hoffnung hatte
Flinders noch zusammen mit dem Astronomen ein

Nach Flinders begleitete Bongaree (oder Bungaree) noch weitere Expeditionen und wurde schließlich zum schwarzen Original von Sydney.
Von Augustus Earle, 1826.

Observatorium aufgebaut. Unter Leitung des zweiten Leutnants, Samuel Flinders, und mit Erlaubnis des Militärkommandanten des britischen Stützpunktes wurden zwei Zelte, das Observatorium und astronomische Instrumente an den Strand gebracht und unter Bewachung einer Abteilung Seesoldaten gestellt. Der Leutnant wurde ebenfalls dazu abgestellt, dem Astronomen durch Beobachtungen und Berechnungen zu assistieren. Während die Beobachtungsstation vor den Winden recht gut geschützt war, machte den empfindlichen Instrumenten der umher fliegende Sand schwer zu schaffen. Ob die Station vor diesem Hintergrund bedeutende wissenschaftliche Erkenntnisse hervorbrachte, mag bezweifelt werden, publikumswirksam war sie in jedem Fall. Das Forschungscamp lag nämlich dicht an der Straße zwischen Simon's Town und einem Ort namens Company's Garden:

„Das war der einzige Weg in der Gegend, den die Einwohner und die Herren, die zu den Schiffen in der Bucht gehörten, zum Spaziergang oder zum Ausritt nutzen konnten. Die obersten Herrschaften, die hier ihren Morgenritt absolvierten, die Matrosen, der hier sonntags vorbeitorkelten und selbst der Sklave mit seinem Bündel Feuerholz, sie alle stoppten vor dem Observatorium, um zu sehen, was hier passierte. Ramsden's Universal Theodolit, der zur Beobachtung von Durchgängen[82] eingesetzt wurde, erregte große Aufmerksamkeit. Einige suchten Informationen, einige Unterhaltung und alle wollten sehen, wie die Sonne durch das Teleskop wanderte."[83]

Sicherlich hielt sich der wissenschaftliche Verlust durch das Zurückbleiben des Astronomen in vertretbaren Grenzen. Denn Messen und den Sternenhimmel Beobachten gehörte ohnehin zum breiten Feld der Navigation. Neben den klassischen Instrumenten wie Sextant, Oktant, Kompass, Lineal, Zirkel und diversen Berechnungstabellen standen Flinders wie zuvor auch schon Cook diverse hochmoderne Instrumente zur Verfügung. Dazu gehört selbstverständlich der Chronometer, der für die Längenmessung so wichtig war. Das Spiegelteleskop, das Barometer zur Messung des Luftdrucks, das Thermometer und nicht zuletzt der künstliche Horizont, der bei Vermessungsarbeiten an Land eingesetzt werden konnte, kamen etwa bei den landgestützten Observatorien zum Einsatz. Mit einem Eimer, der mithilfe von Ventilen Wasserproben aus unterschiedlichen Tiefen lieferte, war es auch möglich, Salzgehalt und Temperatur in unterschiedlichen Meerestiefen zu bestimmen. Flinders maß so ziemlich alles, was mit den damaligen Instrumenten überhaupt messbar war, und das mehrmals am Tag. Das bedeutete nicht nur eine für damalige Zeiten unglaubliche Datenmenge, sondern auch neue Erkenntnisse. So stellte Flinders als erster den Zusammenhang zwischen Luftdruck und Windrichtung fest. Anhand seiner ständigen Messungen bemerkte er, dass das Quecksilber im Barometer am höchsten stand, wenn der Wind von der See kam, und am niedrigsten war, wenn er vom Land kam. Eine intensivere Beschäftigung mit diesem Phänomen führte schließlich dazu, die Veränderung des Luftdrucks als Vorwarnung für Wetteränderungen zu verstehen. Luftdruck, Temperatur,

Windrichtung und -geschwindigkeit dokumentierte Flinders bei seinen Untersuchungen und führte all die Parameter zusammen, die auch heute noch für die Meteorologie von Bedeutung sind.

Der Kommandant der Investigator erhob und interpretierte nicht nur Messdaten, er experimentierte auch. Der Befehl der Admiralität beinhaltete auch die Aufgabe, die Kompassabweichung zu messen. Aus damals unerklärlichen Gründen gab es einen Unterschied zwischen der Richtung der Kompassnadel und dem astronomisch ermittelten Norden. Und dieser Unterschied variierte von Schiff zu Schiff und sogar während einer Reise. Das Problem war dabei nicht so sehr die Abweichung selbst, sondern die Tatsache, dass sie sich ständig veränderte und damit unberechenbar war. Nur durch Messen und registrieren hätte sich das Problem nicht lösen lassen. Flinders veränderte auch die Standorte der Kompasse, maß die Abweichung an verschiedenen Stellen des Schiffes und verglich – wenn sich die Gelegenheit ergab – die Kompassabweichungen an Bord mit denen an Land. Es war, so bemerkte Flinders, das Eisen an Bord der Schiffe, dass die Kompassnadel ablenkte. Dabei ging es nicht nur um die eisernen Kanonen, sondern auch um die Nägel und Beschläge, die ein Schiff zusammenhielten. Als Lösung entwickelte der experientierfreudige Kommandant die so genannte Flindersstange. Senkrecht vor dem Kompassgehäuse wurde eine Eisenstange angebracht, um die Beeinflussung der Kompassnadel durch das an Bord befindliche Eisen auszugleichen. In weiterentwickelter Form ist diese Technik bei magnetischen Schiffskompassen noch heute in Gebrauch.[84]

Flinders hatte in der Öffentlichkeit kaum bekannte Arbeiten zu verschiedenen Themen verfasst, darunter auch eine über die Gezeiten und den Erdmagnetismus. Seine Abhandlung über sphärische Trigonometrie zur Berechnung geografischer Koordinaten beinhaltet acht praktische Methoden zur Breiten- und fünf zur Längenberechnung.[85] Diese für einen Durchschnittsmenschen kaum nachzuvollziehende Begeisterung für geografische Berechnungen bildete auch die Grundlage für das, womit Flinders eigentlich in Verbindung gebracht wird: die exakte und vollständige Kartierung der Küsten des australischen Kontinents.

Zur möglichst genauen Vermessung, vor allem von Buchten und Flussmündungen, Erhebungen und Landmarken waren immer wieder Bootsexkursionen und Landgänge für Messungen mit dem Theodoliten notwendig. Dieses Gerät verfügt über einen Kompass zur geographischen Ausrichtung und eine Art Zielfernrohr zum Anpeilen entfernter Punkte sowie ein Lot zur horizontalen Ausrichtung des Gerätes. Mit Hilfe gemessener Winkel konnten exakt Entfernungen oder Höhen festgelegter geografischer Punkte errechnet werden. Entfernungsmessungen nahm Flinders aber auch vor, indem er Kanonen abfeuern ließ. Diese Messungen, die von mehreren Punkten gleichzeitig erfolgten und später miteinander verglichen wurden, beschrieb der Kommandant der Investigator folgendermaßen:

„Und von oberhalb der langen Insel, nahe dem Eingang zur Bucht, zählte ich 85 Schwünge eines Halb-Sekunden-Pendels zwischen dem Aufblitzen des Mündungsfeuers und dem Donner von drei verschiedenen Kanonen, die vom Schiff abgefeuert wurden. Das macht eine Entfernung von 7,93 Meilen.“[86]

Einen großen Teil der Küste hatte Flinders jedoch von See aus aufgenommen. Mit so genannten Kreuzpeilungen vermaß er jeweils einen Punkt der Küste von verschiedenen Positionen des Schiffes aus, um durch einen entsprechenden Abgleich Messfehler so klein wie möglich zu halten. Die Kreuzpeilung erlaubte über entsprechende Berechnungen auch die genaue Messung von Entfernungen, Strecken und Höhen, die in eine Karte eingetragen wurden, deren Abschnittsendpunkte wiederum über die Erdkoordinaten definiert wurden. Abschnitt für Abschnitt wurde so erfasst.

Dabei konnte Flinders die zuvor von James Cook vermessenen Küstenstriche überprüfen und nach entsprechender Korrektur – allerdings besonders gekennzeichnet – in seine Karte einpassen. Gerade die besondere Kennzeichnung von Küstenabschnitten, die der Kartograph nicht selbst, lediglich des Nachts oder gar nicht vermessen hatte, stellte ein Novum dar, das James Cook eingeführt hatte. Davor ließ sich aus den Karten kaum ersehen, welcher Küstenabschnitt tatsächlich genau und mit welchen Mitteln vermessen und welcher mit viel Phantasie einfach ergänzt worden war. Selbst die Karten bekannter Gewässer boten dem Seefahrer damit einige Überraschungen.

Die Schiffe der Forschungsreisenden

Sie hießen Beagle, Investigator, Endeavour, Erebus, Terror, Resolution, Adventure oder Discovery, die Schiffe, mit denen Cook & Co. die Welt be- und umsegelten und erforschten. Keines dieser Fahrzeuge war von vornherein als Forschungsschiff gebaut worden, die meisten jedoch hervorragend an ihre Aufgabe angepasst. Als eines der ersten echten Forschungsschiffe dürfte übrigens James Cooks Endeavour gesehen werden. Sie war nicht nur für die lange Reise gründlich umgebaut worden, sondern auch für den Einsatz einer ganzen Gruppe hochkarätiger Wissenschaftler verschiedener Disziplinen, deren Forschungen weit über die üblichen Vermessungs- und Kartierungsarbeiten hinausgingen. Die Kajüten, die extra für die Wissenschaftler eingebaut wurden, dienten nicht nur der Bequemlichkeit, sondern waren gleichzeitig Arbeitsplatz. Denn natürlich mussten die Pflanzen, Tiere und Mineralien, die die Forscher bei ihren Landgängen eingesammelt hatten, an Bord gezeichnet, untersucht, beschrieben und gegebenenfalls konserviert werden. Selbstverständlich musste das Schiff den Belastungen, denen es auf der Reise ausgesetzt war, gewachsen sein. Und es war kein Zufall, dass vor allem die stabilen Frachter von der englischen Ostküste bei den britischen Forschungsreisen zum Einsatz kamen. Cook war ja bereits zu Beginn seiner seemännischen Karriere auf einem solchen „Whitby-Collier" gefahren und hatte es dabei immerhin zum Schiffsführer gebracht. Aber es war keine Sentimentalität, dass sich Cook für seine erste Entdeckungsreise das Frachtschiff Earl of Pembroke aus Whitby von der Royal Navy kaufen und umbauen ließ. 1764 war das Schiff gebaut worden, um Kohle an der englischen Ostküste entlang bis nach London zu schippern. 1768 wurde es als Forschungsschiff Endeavour von der Navy in Dienst gestellt und nach der Expedition 1771 für Versorgungsfahrten zu den Falklandinseln eingesetzt. 1775 wechselte die Endeavour ihren Besitzer, erhielt ein Jahr später den Namen Lord Sandwich und wurde – inzwischen in Amerika gelandet – 1778 während des amerikanischen Unabhängigkeitskrieges als Blockadeschiff versenkt. Cooks Expeditionsschiff auf der zweiten Reise, die HMS Adventure, konnte ebenfalls auf eine wechselhafte Geschichte zurückblicken. 1771 als Kohlefrachter Marquis of Rockingham ebenfalls in Whitby vom Stapel gelaufen, wurde sie 1772 von der Navy übernommen. Nach ihrer Rückkehr 1774 fand sie verschiedene Verwendungen. Um 1780 diente sie als Leuchtfeuerschiff, ab 1783 wieder als Frachter. 40 Jahre nach ihrem Stapellauf fand sie 1811 im Sankt-Lorenz-Strom ihr Ende.

Flinders scheint mit der Investigator auf den ersten Blick keinen allzu guten Griff gemacht zu haben. Obwohl es ebenfalls ein Frachter von der Ostküste war, hatte es bereits auf seiner Reise nach Australien 1801 ständig Wasser gemacht, wie im Seemannsjargon das Eindringen von Wasser durch undichte Stellen im Schiffskörper genannt wird. 1803 musste das Schiff schließlich von der Reisegesellschaft in Sydney aufgegeben werden, weil es schlichtweg verfault war. Damit hätte das Schiff eines erfahrungsgemäß außerordentlich robusten Typs seit seinem Stapellauf gerade einmal acht Jahre durchgehalten. Entgegen den Ergebnissen der ersten Inspektion, die Flinders und seine Besatzung dazu veranlasste, die Investigator in Port Jackson zurückzulassen und mit anderen Schiffen die Heimreise anzutreten, kam eine zweite Untersuchung des Schiffes ein Jahr später zu einem etwas anderen Ergebnis. Die Investigator wurde für reparaturwürdig erachtet und 1805 mit den in Australien verbliebenen Wissenschaftlern nach England zurückgeschickt. Noch bis 1810 versah sie ihren Dienst in der Navy. Obwohl inzwischen wieder verrottet, wurde sie verkauft. Statt es abzuwracken, bauten die neuen Eigner das Schiff wieder auf und brachten es unter ihrem alten Namen Xenophen wieder als Handelsschiff in Fahrt. Sie reiste nach Kanada, Russland, ins Mittelmeer und bediente 1853 die Australienstrecke im Rahmen des Goldrausches. 1872, nach 77 Jahren Dienst, wurde sie endgültig abgebrochen.

Es war aber nicht nur die robuste Bauweise, die die englischen Ostküstenfrachter zu nahezu idealen Expeditionsschiffen machte. Trotz ihrer geringen Größe und der damit verbundenen Enge an Bord waren die bauchigen Segler wahre Raumwunder. Lebensmittel für immerhin rund 18 Monate passten in die Frachträume der um die 30 Meter langen und etwa neun Meter breiten Kähne. Daneben mussten natürlich noch die umfangreiche technische und wissenschaftliche Ausrüstung, Bewaffnung und Munition und nicht zuletzt die Sammlungen der Forscher und – im Falle der Investigator oder der Porpoise – das Gewächshaus Platz finden. Und dann kam als Pluspunkt für diese Frachter noch die Tatsache hinzu, zur Reparatur und Überholung nicht auf Häfen oder Werften angewiesen zu sein. Der flache Boden erlaubte es, das Schiff bei Ebbe auf einem Sandstrand trocken fallen zu lassen, ohne dass es dabei beschädigt wurde. Diese Eigenschaft war dem Umstand zu verdanken, dass es auch im 18. und 19. Jahrhundert an den europäischen Küsten zahlreiche, teilweise wichtige so genannte Tidehäfen gab, darunter das ostenglische Whitby, bei denen die Fracht auf Fuhrwerke, die bei Ebbe direkt an das auf den Strand gesetzte Schiff fuhren, umgeladen wurde. Und in Whitby war es ebenfalls üblich, die Frachter über den Winter auf dem Strand einzumotten, nicht ohne dort vorher den Rumpf gesäubert, abgedichtet und neu gestrichen zu haben.[87] Genau dafür waren die klobigen Schiffe konstruiert.

Ein Whitby-Frachter war demnach ein ideales Schiff, um fremde Küsten zu erforschen oder die Welt zu umsegeln. Trotz seines verhältnismäßig geringen

Ein Frachter, der auf dem Strand auf Fuhrwerke entladen wird, wie es für die englischen Ostküsten-Collier üblich ist. Gemälde von Julius Cäsar Ibbetson.

Tiefgangs von etwa vier Metern und einem Boden, der auch schon mal das Auflaufen auf eine nicht allzu felsige Untiefe verkraftete, fand der Einsatz der Schiffe beispielsweise bei der Erkundung von Flussmündungen recht schnell seine Grenzen.

Hier waren dann die Beiboote gefragt. Bei der Abreise aus England führte die Investigator beispielsweise zwei Kutter – also die in der Regel größten Beiboote eines Schiffes – ein Walboot mit vier und eines mit fünf Riemen sowie die Gig, das Boot für den Kapitän mit sich. Nach seiner Ankunft in Port Jackson ließ sich Flinders noch ein weiteres, großes Walboot nach seinen

Vorstellungen bauen. Dieses Boot, so schreibt Flinders, sollte den Kutter ersetzen, den die Expedition zuvor in der Spencer-Bay verloren hatte. Auch wenn ursprünglich dafür entwickelt, hatte Flinders keineswegs vor, mit diesen Booten auf Walfang zu gehen. Aber spätestens seit George Bass 1797 mit sechs Mann in einem Walboot von Port Jackson in Richtung Süden zu einer mehrwöchigen Fahrt aufgebrochen war, gehörten diese Fahrzeuge zur Ausrüstung einer Expedition. Immerhin hatte Bass bei seiner Exkursion die später nach ihm benannte Bass-Straße zwischen der australischen Südspitze und Tasmanien entdeckt und dabei weit über 2000 Kilometer zurückgelegt.

Flinders und Bass waren zwischen 1795 und 1798 zusammen an der australischen Küste auf Entdeckungsreise gewesen, nur die Walbootfahrt hatte Bass ohne Flinders unternommen. Aber während der anschließenden gemeinsamen Erkundungsfahrt mit der Norfolk um Tasmanien dürfte George Bass seinem Freund Flinders die Vorteile dieser Boote ausgiebig geschildert haben. In jedem Fall gab Flinders sein Walboot nach dem Muster dessen von Bass in Auftrag und erhielt von der örtlichen Werft ein Gefährt mit folgenden Merkmalen:

„Es war 28 Fuß, 7 Zoll lang [rund 8,5 Meter] und hatte einen flachen Boden. Vorder- und Hinterteil waren gleich hoch. Der Kiel war etwas gekrümmt, der Wasserdurchschneider und der Pfosten am Hinterteile fast senkrecht. Es war für acht Ruder im Nothfalle eingerichtet. Gewöhnlich wurden nur sechs gebraucht. Das dazu erforderliche Holz ward von der größten Art der Banksia geschlagen, da es dauerhafter, als das vom Manglebaume befunden ward. Die Bohlen waren von Cedern-Holz. Es ward unter der Aufsicht des Hrn. Thomas Moore, Baumeirsters der Colonie, erbauet und zeigte sich, gleich seinem Muster, für Rudern und Segeln auf dem Meere sehr vollkommen."[88]

Gerade bei den teils sehr kräftigen Gezeitenströmungen an der Küste und in den Flussmündungen erwiesen sich die auf Schnelligkeit getrimmten Waljagdboote als ideales Erkundungsfahrzeug. Und wenn es einmal eng wurde, musste das Boot nicht erst gewendet werden, denn Bug und Heck waren gleich.

Im Gegensatz zu den Walbooten war die Lady Nelson bekanntlich weit entfernt davon, ein ideales Erkundungsschiff für Flinders Expedition zu sein. Dabei war auch die kleine Brigg speziell für diesen Zweck ausgestattet worden. Mit ihren etwa 75 Tonnen Wasserversdrängung hatte das rund 17 Meter lange und gut fünf Meter breite Schiff einen Tiefgang von kaum zwei Metern. Eigentlich ideal für flache Gewässer, wäre die Lady Nelson dadurch nicht gleichzeitig so windempfindlich gewesen und schnell abgedriftet. Gerade für solche Fälle waren dem kleinen Schiff aber drei Senkkiele eingebaut worden, die den Kurs des Schiffes bei ausreichender Wassertiefe stabil halten sollten. Wurden die Gewässer flacher, konnten die drei zwischen einem und zwei Meter langen Kiele, die in der Mitte des Schiffes hintereinander in Senkkästen angeordnet waren, hochgezogen werden. Das war eine ganz moderne Einrichtung in jener Zeit. John Schanck, ein technisch begabter Navy-Leutnant, hatte diese Idee erst im Jahre 1783 der Admiralität vorgetragen. Die war überzeugt und bereits wenige Jahre später waren Schancks Senkkiele auch in größeren Schiffen der Navy zu finden. Und auch wenn die Landy Nelson den Anforderungen Flinders' nicht gerecht werden konnte, hatte auch sie ihren historisch wichtigen Teil zur Erkundung der australischen Küste geleistet. Unter Kapitän Grant war sie das erste bekannte europäische Schiff, das die Bass-Street von West nach Ost durchfahren hatte. Die Kartierung der Südküste von Victoria und die Entdeckung von Port Phillip um 1800 gehen ebenfalls auf das Konto ihres Kapitäns.

Auch nach der Beteiligung an Flinders Australienumrundung war ihre Karriere nicht zu Ende. Sie versah noch bis 1825 ihren Dienst. Am 22. September 1825 berichtete die Sydney Gazette: „Die Landy Nelson, Brigg, wurde bei Timor von malaiischen Piraten aufgebracht und die Mannschaft mit Ausnahme des Kapitäns massakriert."[89]

Auch wenn die La Belle des Entdeckers La Salle nicht als Forschungsschiff bezeichnet werden kann und zeitlich ein wenig aus dem Rahmen dieser Ausführungen zu fallen scheint, ein speziell angefertigtes Expeditionsschiff war sie dennoch. Selbstverständlich war die La Belle ein bauchiger Frachter, der trotz seiner bescheidenen Größe von knapp 16 Metern Länge und 4,5 Metern Breite – vergleichbar also mit der Größe der Lady Nelson – erstaunliche Mengen an Ladung fasste und diese immerhin unbeschadet quer über den Atlantik schipperte. Aber das eigentlich aufregende an dem winzigen Schiff, mit dem La Salle 1687 im Golf von Mexiko gelandet war, ist weder seine Größe, noch sein Fassungsvermögen. 1997 hatten Archäologen das gut erhaltene Wrack samt Ladung aus seinem nassen Grab in der Matagorda Bay geborgen und begonnen, es zu untersuchen.[90] Dabei stellte sich heraus, dass die La Belle ein Bausatz war. Das Schiff war so konstruiert, dass es in zerlegtem Zustand transportiert und an jedem beliebigen Ort von Zimmerleuten, die nicht unbedingt Kenntnisse im Schiffbau haben mussten, wieder zusammengefügt werden konnte. Eine „idiotensichere" Kennzeichnung jedes einzelnen Bauteils machte das möglich. Für die Franzosen, die nicht nur die Nordwestpassage, sondern über ihre kanadischen Territorien und die großen Seen auch den Landweg zu den Schätzen Asiens zu erschließen versuchten, ein geniales Konzept. Von dessen Existenz zeugt nun das Wrack der La Belle, die Dimensionen des Kontinents dürften dieser Idee jedoch schnell Grenzen gesetzt haben.

Sicherlich darf in einem Buch über die Forschungsreisen des 18. und 19. Jahrhunderts die HMS Beagle nicht unerwähnt bleiben. Schließlich hat sich Charles Darwin auf der Vermessungsfahrt an der südamerikanischen Küste 1831 bis 1836 auf der umgebauten Kriegsbrigg einquartiert. In der Reihe der hier vorgestellten Fahrzeuge fällt sie nicht gerade als besonders spektakulär auf. Bild 26 zeigt sehr schön das gut 30 Jahre nach Bass und Flinders immer noch für solche Expeditionen hervorragend geeignete Walboot an Bord. Und bemerkenswert ist ebenfalls, dass die 1820 vom Stapel gelaufene Beagle für diese Fahrt mit den neumodischen

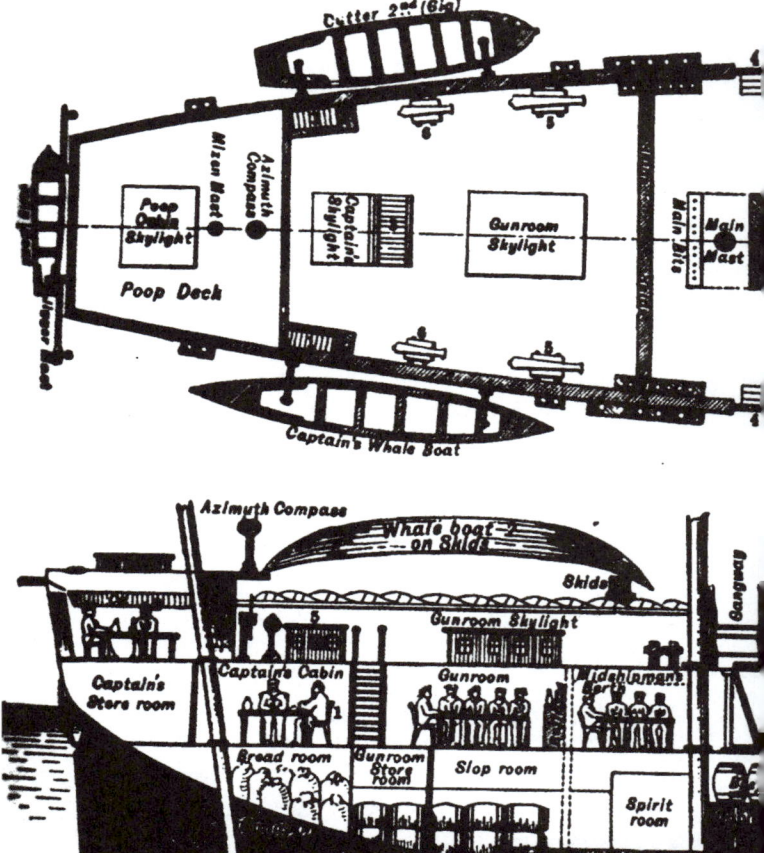

Cutter 2nd (Gig)

Mizen Mast

Azimuth Compass

Poop Cabin Skylight

Poop Deck

Captain's Skylight

Gunroom Skylight

Main Bits

Main Mast

Mizzen Boat

Captain's Whale Boat

Azimuth Compass

Whale boat on Skids

Skids

Gangway

Gunroom Skylight

Captain's Store room

Captain's Cabin

Gunroom

Midshipmen

Bread room

Gunroom Store room

Slop room

Spirit room

Pump Well

DIAGRAMS

Der Schnitt durch Darwins Forschungsschiff HMS Beagle zeigt die Aufteilung der Besatzung. Auf den Achterdecks im Heck das Arbeitszimmer und Kajüte für den Kapitän, dann der Salon (Gunroom) für die Offiziere, davor die Messe der Midshipmen bis zum Hauptmast. Vor dem Mast die Quartiere der Mannschaft und im Bug die Krankenstation.

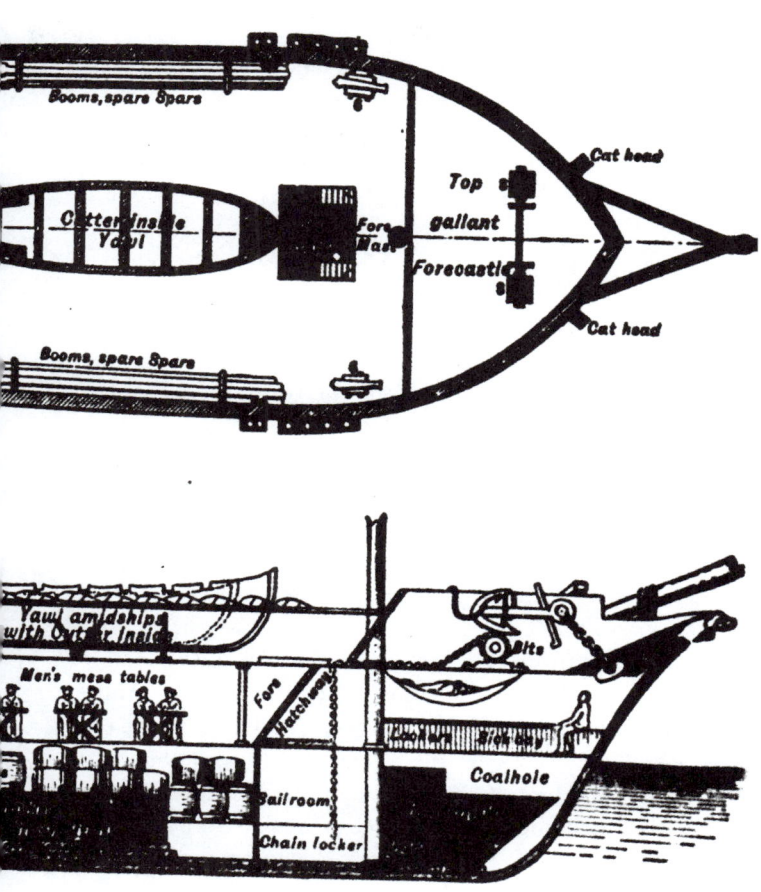

Booms, spare Spars

Cutter inside Yawl

Booms, spare Spars

Fore Mast

Top gallant

Forecastle

Cat head

Cat head

Yawl amidships with Cutter Inside

Men's mess tables

Fore Hatchway

Bits

Coalhole

Sail room

Chain locker

BEAGLE."

[To face p. 1.

Schön zu erkennen sind auch die verschiedenen Boote. Mittschiffs das große Langboot oder Kutter. Auf dem Achterdeck: Am Heck das Dingi, an der linken Bordwand (Backbord) der Kutter oder die Gig, das Kapitänsboot, an der rechten Bordwand (Steuerbord) das obligatorische Walboot mit spitzem Bug und Heck.

Blitzableitern an allen drei Masten und dem Bugspriet ausgestattet war.

Die Schiffe, mit denen Flinders' Neffe –1801 noch Leutnant auf der Investigator– und Sir John Franklin 1845 seine dritte und letzte Arktisexpedition unternommen hatte, gehörten bereits einer neuen Zeit an.[91] Als Bombarden waren die Erebus und Terror außerordentlich stabil gebaut mit breitem Bug, geringem Tiefgang und einem mit Stahl- und Kupferplatten bewehrten Rumpf. Bombarden hatten die Aufgabe, von den Küsten aus schwere Sprenggeschosse und die Bomben aus Mörsern in hohem Bogen in feindliche Festungen oder Stellungen zu schleudern. Für die Arktisexpedition waren sie nicht nur mit zusätzlichen Eisenplatten verstärkt worden, sondern so ziemlich alles, was die neuen Technologien jener Zeit zu bieten hatten, wurde in Franklins Expeditionsschiffe eingebaut. So erhielten sie jeweils eine 25 PS-Dampfmschine mit einem Propeller, der ebenso wie das Ruder demontiert werden konnte, um ihn vor der Zerstörung durch das Packeis zu bewahren. Und wenn schon Dampfantrieb, dann ließ sich die Energie auch gleich für eine Heißwasserheizung nutzen. Trinkwasser wurde durch Meereswasserentsalzungsanlagen in den Kombüsen gewonnen. Der Zerstreuung während der auf mehrere Jahre angesetzten Expedition dienten neben den Bibliotheken auch Musikinstrumente und eine Drehorgel. Lebensmittel in Konservendosen, die modernsten wissenschaftlichen Instrumente und kupferne Blitzableiter an den Masten, das waren Expeditionsschiffe, die noch bei der Australienumrundung kaum ein halbes Jahrhundert zuvor für Franklin selbst und

Baudins Astrolabe und Geographe vor der australischen Küste. Deutlich zu erkennen, die ausgefahrenen Geschütze und die vergleichsweise eleganten Linien der Korvetten.

seinen Onkel in das Reich der Science-Fiction gehört haben dürften.

Im Grunde lag es in der Natur der Sache, für Vermessungs- und Forschungsreisen verhältnismäßig kleine, stabile, möglichst seetüchtige Schiffe mit großem Fassungsvermögen zu verwenden und diese je nach Aufgabenstellung umzubauen und auszurüsten. Und auch heute durchpflügen noch viele umgebaute Fischtrawler und andere besonders seetüchtige Fahrzeuge als Forschungsschiffe die Meere. Dass sich die französischen Entdeckungsreisenden zu Zeiten Cooks und Flinders' meist ebenfalls robuster Handelsschiffe vor allem holländischer Bauart bedienten, versteht sich also von selbst. Nicolas Baudin allerdings, der wie Flinders ab 1801 die australische Küste erkundete, war mit zwei lupenreinen Korvetten – also auf Schnelligkeit und Kampfkraft getrimmten Kriegsschiffen – auf seine Mission gegangen. Trotzdem handelte es sich um eine richtige Forschungsreise und keinen Kampfeinsatz, denn Baudin hatte immerhin 22 Naturforscher und Künstler mit an Bord. Die Wahl dieser Schiffe hatte andere als wissenschaftliche oder kriegerische Gründe. Es ging um Prestige und um ein politisches Wettrennen.

Forschungsreisen im Spannungsfeld der Politik

August 1801: Die britischen Kriegsschiffe HMS Argo (44-Kanonen), HMS Carysford (28-Kanonen) und HMS Falcon (14-Kanonen) ankern mit fünf Transportern auf der Reede von Funchal, der Hauptstadt der portugiesischen Insel Madeira. An Bord der Schiffe befindet sich das 85. Infanterieregiment, das seine britische Majestät dem portugiesischen Gouverneur überraschend zur Unterstützung gegen eine mögliche Invasion durch die Franzosen anbietet. In der Einsicht, dass die Insel den Invasoren aus eigener Kraft nicht gewachsen wäre, gibt der Gouverneur den Engländern die Erlaubnis, die Festungen instandzusetzen und ein Kontingent des 85. Regiments dort zu stationieren. Offiziell gibt es keine Veränderung bei der Regierung oder dem Handel der Insel, trotzdem ist der Gouverneur Gerüchten zufolge nicht glücklich über diese Aktion.[92]

Flinders platzte bei seiner Ankunft in Funchal genau in diese Situation. Und so ist vielleicht verständlich, weshalb der Gouverneur dem Kapitän des Forschungsschiffes zwar jede Unterstützung beim Auffüllen der Frischwasser- und Nahrungsmittelvorräte zusagte, sich bei der Bitte der britischen Neuankömmlinge, mit den Wissenschaftlern während des Aufenthaltes die Insel zu erforschen, zunächst ein wenig abweisend verhielt. Nachdem sich der britische Konsul der Insel eingeschaltet hatte, zeigte sich der Gouverneur dem Ansinnen Flinders deutlich zugänglicher.

Madeira stand spätestens seit Ende des 17. Jahrhunderts ohnehin unter einem starken englischen Einfluss. Viele britische Händler hatten sich auf der Insel niedergelassen, die eine wichtige Zwischenstation bei den Seereisen von Europa in die Neue Welt und nach Südostasien war. Die Insel bildete zudem einen wichtigen Umschlagplatz für die Sklaven aus Westafrika. Kein Wunder, dass sie für alle europäischen Nationen mit kolonialen Ambitionen von größtem strategischem Interesse und ihre Souveränität als Teil Portugals immer wieder gefährdet war.

Die Situation war kompliziert. Bei Flinders Ankunft hatte der Gouverneur erfahren, dass Spanien und Portugal zwar gerade Frieden geschlossen hatten, der Krieg mit Frankreich jedoch weiterging. In dessen Folge waren die bei den Briten als Produzenten von Portwein und Madeira(-holz) so beliebten Portugiesen zwangsläufig weiterhin auf ihre Bündnispartner mit dem einnehmenden Wesen angewiesen. Weder die teils überschwängliche Diplomatensprache, noch der Befehl, der den Gouverneur kurz vor der Abreise der Investigator vom Hof in Lissabon erreichte, darf über das berechtigte gegenseitige Misstrauen hinwegtäuschen. In der Depesche wurde der Gouverneur nun auch offiziell angewiesen, die britischen Truppen – die sich ohnehin schon auf der Insel eingerichtet hatten – an Land zu lassen, und ihnen alle militärischen Entscheidungsbefugnisse zu übertragen. Erst 1814, zum Ende der napoleonischen Kriege, zogen die Briten ihre Truppen wieder aus Madeira ab.

Nicht nur die Ereignisse in Funchal deuten bereits an, dass die Forschungsreise der Investigator Teil eines Krieges war. Dieser Krieg der sich ständig verändernden Koalitionen europäischer Mächte hatte vor allem mit dem Wettlauf um die Aufteilung der Erde unter den Kolonialmächten zu tun. Dass dabei Südostasien neben der Neuen Welt eine besondere Region der Begierde war, belegt auch Napoleons legendärer Ägyptenfeldzug von 1798. Dessen Ziel war unter anderem der französische Weg nach Indien. Wie Napoleons Siegeszug auf dem europäischen Kontinent zeigt, war der französische Weg der Landweg. Der Seeweg war angesichts der britischen Vorherrschaft keine Alternative. Erst recht nicht nach dem Scheitern der Ägyptenexpedition Napoleons und der Vernichtung der französischen Flotte bei Abukir durch den späteren Admiral Lord Nelson.[93]

Als die Investigator im Juli 1801 ihre Reise antrat, waren feindliche Kriegsschiffe nicht ihr größtes Problem. Die Kanalflotte blockierte die holländischen,

"the great Globe itself and all which it inherit", is too small to satisfy such insatiable

Der britische Minister William Pitt und Napoleon streiten sich um den Kuchen der Welt.

französischen und spanischen Häfen und im Mittelmeer herrschte wieder uneingeschränkt die britische Flotte. Und dann verfügte Matthew Flinders noch über einen Schutzbrief der französischen Regierung, der besagte:

„Der Minister für die Marine und Kolonien verfügt, dass alle Kommandanten von Kriegsschiffen der Republik, alle ihre Vertreter in allen französischen Kolonien, alle Kommandanten von Schiffen, die über einen Kaperbrief verfügen und alle, die es angeht, die Korvette Investigator, ihre Offiziere, Mannschaft und Ladung für die Dauer ihrer Reise frei und ungehindert passieren lassen, ihnen den Zugang zu den diversen Häfen der Republik, denen in Europa und anderen Teilen der Welt gewähren, um die Vorräte zu ergänzen, die für eine Weiterreise notwendig sind.

Allerdings sind Unterstützung und Schutz abhängig davon, dass sie nicht von ihrer vorgesehenen Route abweichen, dass sie erklären, weder Feindseligkeiten gegenüber der französischen Republik und ihren Verbündeten zu unternehmen, noch deren Feinde zu unterstützen, versuchen sie zu unterstützen oder mit ihnen zu handeln oder Konterbande zu transportieren."[94]

Was also sollte schon passieren. Und so hatte Flinders die Lordschaften der Verwaltung, die für die Schiffsausrüstung zuständig war, gebeten, zehn der zwölf langläufigen Sechspfünder-Kanonen durch sechs leichtere kurzläufige Zwölfpfünder-Geschütze mit kürzerer Reichweite (Karronaden) und zwei zusätzliche Drehbassen zu ersetzen. Zusammen mit den beiden bereits an Bord befindlichen Achtzehnpfünder-Karronaden sollte die Bewaffnung ausreichen, „jedem Angriff von Eingeborenen, die wir anzutreffen erwarten, zu begegnen". Dem Wunsch Flinders wurde entsprochen und somit konnte die Investigator rund 50 Tonnen zusätzliches Trinkwasser an Bord nehmen.

Bereits vor Madeira zeigte sich, dass die Hauptgefahr nicht nur von aufgebrachten Einwohnern ferner Welten, sondern auch von Freunden in heimischen Gewässern drohte. Am 23. Juli – gerade einmal einen Tag, nachdem Flinders mit einer Blockadeflotte vor dem französischen Hafen Brest Signale ausgetauscht hatte – näherten sich gegen acht Uhr zwei Lugger der Investigator. Die wendigen zweimastigen Fischerboote entpuppten sich als Privateers, also Kaperschiffe. Kaperer führten – im Namen der jeweiligen Regierungen – auf allen Seiten einen einträglichen Privatkrieg und hatten es vor allem auf gegnerische Handelsschiffe abgesehen. Nicht immer nahmen es die Unternehmer in Sachen Krieg dabei allzu genau. Und auch bei dieser Begegnung spricht vieles dafür, dass für die Privateers der Unterschied zwischen Freund und Feind eher eine Frage der Abwägung zwischen zu erwartender Beute und Gegenwehr war. Die beiden Lugger hatten jedenfalls einen Warnschuss abgegeben, die britische Flagge gehisst und sich, der eine vor, der andere hinter die Investigator gesetzt. Auch Flinders zeigte naturgemäß die gleiche Flagge. Trotzdem gaben die Lugger zwei weitere Kanonenschüsse ab, offensichtlich um die Investigator zum Beidrehen zu zwingen. Flinders gab Befehl, das Schiff gefechtsbereit zu machen und behielt seinen Kurs unbeirrt bei. Die Lugger drehten gegen neun Uhr ab. Spätestens beim obligatorischen Trommelwirbel und dem Aufziehen der rotbefrackten Seesoldaten dürften sie begriffen haben, dass sie sich mit einem Kriegsschiff seiner Majestät angelegt hatten. Im Anschluss nutzte Flinders die Gelegenheit gleich für Schießübungen der Seesoldaten und trägt in sein Logbuch ein: „Seeing our preparations, at 9 they hauled to the wind. Exercised marines at small arms with powder, and made all sail again – Steady breeze & hazy weather".

Irgendwie waren die Briten schon ein hilfsbereites Völkchen. Und diese Hilfsbereitschaft zahlte sich auch meistens aus. Als Frankreich 1795 in die Niederlande einmarschiert war und die dabei ausgerufene Batavische Republik zum Koalitionspartner des revolutionären Frankreich wurde, floh der niederländische Statthalter Wilhelm V. von Oranien-Nassau nach England. Als natürlicher Gegner der Revolution galt der heimatvertriebene Adelige den Briten als legitimer Vertreter der Niederlande. Und der schloss sozusagen als Ein-Mann-Exilregierung einen Vertrag mit Großbritannien. Danach stellte der ehemalige Statthalter die Besitzungen der vor dem Bankrott stehenden Niederländischen Ostindienkompanie unter Schutz und Verwaltung der Briten, um sie vor dem französischen Zugriff zu retten.[95] Eine Schlüsselposition nahm dabei naturgemäß die Kapkolonie[96] ein, die die Briten am 16. September – natürlich zum Schutze holländischer Interessen – 1795 übernahmen. Und so traf Matthew Flinders, als er mit der Investigator 1801 in die False-Bucht einlief, auf eine ansehnliche Versammlung britischer Kriegsschiffe und die Anfänge einer englischen Kolonie. 1803 musste Großbritannien das Kap aufgrund des Friedens von Amiens, der am 25.03.1802 den zweiten Koalitionskrieg beendete, zwar wieder an die Niederlande zurückgeben, aber da war die Holländische Ostindienkompanie bereits aufgelöst. Und 1806 waren die Engländer schon wieder zurück und machten das Kap zur britischen Kolonie.

Australien war nicht nur das nächste Reiseziel der Investigator, sondern auch die jüngste koloniale Er-

Karikatur von James Gilray, London 1796. Gillray stellt den Statthalter Batavias, Willhelm V. Prinz von Oranien als unfähigen Lustmolch dar, der sich nach getaner Arbeit (dem Schwängern zahlreicher Frauen) auf seinen Geldsäcken zur Ruhe legt. Gillray trifft damit nicht nur die allgemeine Einschätzung der Person Wilhelms, sondern auch die revolutionäre Stimmung dieser Zeit.

rungenschaft Großbritanniens. 1783 mit der Unterzeichnung des Friedens von Paris hatte England seine amerikanischen Kolonien endgültig verloren. Nicht ganz unbedeutend war dabei die militärische Unterstützung der amerikanischen Unabhängigkeitsbewegung durch die Franzosen gewesen. Als Ausgleich für Amerika bot sich den Briten der von Europäern noch unbesiedelte Kontinent Australien geradezu an. Mit rund 1000 Männern und Frauen landete 1788 die so genannte „First Fleet" an der Ostküste des damaligen Neuholland und gründete die Siedlung Sydney mit dem Hafen Port Jackson. Neuholland, das aufgrund der Erforschung der australischen Küsten durch die Niederländische Ostindienkompanie im 17. Jahrhundert seinen Namen erhalten hatte, war bereits 1770 von James Cook als New South Wales für die britische Krone in Besitz genommen worden. Die Kolonialisierung des von Cook dokumentierten Abschnitts der Ostküste lag also hinsichtlich der britischen Ansprüche im grünen Bereich. Wirklich beanspruchen konnten die Nationen natürlich nur das Land und die Küsten, dessen Existenz tatsächlich bekannt war. Und beim australischen Kontinent war ja erst ein Bruchteil des Landes und der Küsten erschlossen. Selbst bei der Gründung Sydneys waren noch nicht einmal Form und Ausdehnung des Kontinents bekannt. Vor diesem Hintergrund dürfte die Nachricht von der Australienexpedition des Nicolas Baudin für die Briten alarmierend gewesen sein. Der hatte sich am 19. Oktober 1800 im Namen des französischen Direktoriums mit insgesamt 22 Wissenschaftlern und Künstlern, 259 Mann Besatzung auf zwei Schiffen, der Géographe und Naturaliste, auf den Weg gemacht. Der Auftrag: Die australischen Küsten intensiv zu erforschen und auf ihre Eignung zur französischen Kolonialisierung zu untersuchen. Inwieweit die Vorstellungen des Direktoriums über die Möglichkeiten der Gründung französischer Kolonien angesichts der maritimen Unterlegenheit überhaupt realistisch war, mag dahingestellt sein. Für die Briten reichte allein das massive Aufgebot an Mensch und Material der französischen

Expedition aus, um mit Flinders und seiner Investigator zum vermessungstechnischen Gegenschlag auszuholen. Sicherlich wäre es ein Leichtes gewesen, die französischen Expeditionsschiffe auf ihren langen Weg, vorbei an Madeira und dem Kap der Guten Hoffnung abzufangen. Aber auch Baudin hatte einen Schutzbrief vom britischen König, denn wissenschaftliche Expeditionen genossen selbst unter Kriegsgegnern einen Sonderstatus. Das Wettrennen um den australischen Kontinent war aber eigentlich längst zugunsten der Briten entschieden. Ausgehend von Sydney war die Ostküste bis hinunter zur Insel Tasmanien erkundet und kartografiert. Und als Flinders und Baudin 1802 in der Encounter Bay an der Südküste Australiens aufeinander trafen, hatte der Brite bereits seit vier Monaten systematisch gearbeitet. Vom Cape Leeuwin im Osten bis zu den Kangaroo-Inseln hatte Flinders gut 2000 Kilometer australischer Südküste erfasst. Baudin erreichte Cape Leeuwin bereits am 27. Mai 1801, untersuchte anschließend die nördlich gelegene Geographe Bay an der Westküste und reiste anschließend bis zum Cape Levêque an der Ostküste Australiens, um dann die holländische Insel Timor anzusteuern. Die rund 2500 Kilometer Küstenlinie dokumentierte er innerhalb der etwa zweieinhalb Monate dauernden Fahrt nur oberflächlich. Als sich die beiden Kommandanten in der Bucht nahe dem heutigen Adelaide trafen, hatte die französische Expedition bestenfalls 1000 Kilometer Küstenlinie systematisch kartiert, die von den Briten zuvor noch nicht erfasst worden war. Rund 2500 Kilometer hat Boudin mehr oder weniger abgesegelt und dabei auffälligen Landmarken französische Namen verliehen. Keine gute Bilanz bis dahin, vergleicht man allein die personellen Mittel, die den Franzosen im Gegensatz zu der vergleichsweise bescheidenen britischen Expedition zur Verfügung standen. Und dann war da noch der deutliche zeitliche Vorsprung der Franzosen. Aber Boudin hatte Probleme zu bewältigen, von denen Flinders weitestgehend frei war.[97]

22 Wissenschaftler und Künstler zu managen, wäre selbst für jemanden mit gleicher gesellschaftlicher Stellung eine große Herausforderung. Als Seemann – selbst als erfolgreicher und in seiner Heimat gefeierter Forschungsreisender wie Boudin – hatte der Kommandant gegenüber der wissenschaftlichen Elite der Grand Nation einen schweren Stand. Auf seine Offiziere konnte sich Boudin nur bedingt verlassen, denn viele junger Männer aus sehr respektierten Familien fanden aufgrund von Beziehungen ihren Weg an Bord der Schiffe, die trotz ihrer Größe hoffnungslos übervölkert waren. Boudin selbst hatte keinen großen Einfluss auf die Auswahl seiner Mannschaft und Offiziere für diese prestigeträchtige Reise.[98] Auch politisch spiegelte die Reisegesellschaft die Stimmung im Frankreich jener Zeit wieder. Immerhin, die Revolution lag noch nicht lange zurück, die politische Verfassung war weiterhin in Bewegung und die verschiedenen politischen Lager waren noch weit entfernt davon, sich gegenseitig zu trauen oder zu akzeptieren. Hinzu kam, dass die ganze Expedition von ministerialen Experten und Wissenschaftlern innerhalb kürzester Zeit geplant worden war, einschließlich Zeitvorgaben und Gesundheitsvor-

sorge. An der Praktikablität dieser Pläne darf getrost gezweifelt werden, allein der Vorschlag des obersten Flottenarztes an Bürger Boudin mutet im Vergleich zum Erkenntnisstand der britischen Navy recht unbedarft an: Tanzen als Vorbeugung gegen Skorbut. Ein Ergebnis der Planung war übrigens auch, dass sich die beiden Expeditionsschiffe aufgrund ihrer unterschiedlichen Geschwindigkeit zweimal aus den Augen verloren, um sich mehr oder weniger zufällig nach Wochen oder Monaten in einem Hafen wieder zu treffen.

Am 8. April 1802 um vier Uhr nachmittags meldete der Ausguck der Investigator ein fremdes Schiff, das auf sie zuhielt. Flinders ließ „Klarschiff zum Gefecht" machen und zeigte die Flagge. Der Fremde hisste die französischen Farben, gefolgt von den englischen und der weißen Flagge, ein klares Friedensangebot. Flinders luvte an, um sich in eine bessere Position zu manövrieren und als das fremde Schiff auf der taktisch ungünstigeren Leeseite passierte, gab es sich als Le Geographe unter Kapitän Nicolas Boudin zu erkennen. Während die Schiffe aneinander vorbeisegelten und schließlich beidrehten, achtete Flinders darauf, der Geographe immer die Breitseite zu präsentieren, nur für den Fall, dass die weiße Parlamentärsflagge ein Täuschungsmanöver sein sollte. Beide Kommandanten konnten nicht sicher sein, dass der jeweils andere bereits von der – ginge es nach dem Text des Friedens von Amiens – innigen Liebe zwischen den Nationen erfahren hatte. Brüchig war der Friede ohnehin, von dem vor allem Frankreich profitierte, das laut Vertrag nahezu alle ihnen von den

Briten zuvor abgenommenen Kolonien zurückerhielt. Letztendlich waren die Vereinbarungen bereits bei Vertragsunterzeichnung weitgehend Makulatur, ein Wiederaufleben des militärischen Konfliktes zwischen den beiden Hauptkontrahenten nur eine Frage der Zeit. Bereits in Artikel 1 der Übereinkunft lässt sich bei genauem Hinsehen das gegenseitige Misstrauen der neuen Freunde erkennen:

„Artikel I. Es soll Frieden sein, Freundschaft und Verständigung zwischen der Französischen Republik, seiner Majestät, dem König von Spanien, seinen Erben und Nachfolgern, und der Republik Batavia auf der einen Seite und seiner Majestät, dem König des Vereinigten Königreiches von Großbritannien und Irland, seinen Erben und Nachfolgern auf der anderen Seite.

Die unterzeichnenden Parteien werden alle Anstregungen unternehmen, um eine perfekte Harmonie zwischen ihren jeweiligen Ländern sicherzustellen und keinen Akt der Feindschaft, weder zur See noch zu Lande zulassen, egal aus welchem Grund oder unter welchem Vorwand.

Sie werden sorgfältig alles vermeiden, was die glückliche Verbindung, die nun zwischen ihnen wiederhergestellt ist, stören könnte. Und sie werden niemandem helfen oder niemanden schützen, weder direkt noch indirekt, der versucht, einen von ihnen zu schädigen."[99]

Die Gefahr, dass ausgerechnet die beiden Kommandanten den Friedensvertrag zwischen den Nationen gefährden könnten, war gering. Schließlich verfügten beide über einen Schutzbrief mit der Verpflichtung zur Konfliktvermeidung. Und zumindest Baudin hatte genügend Feinde an Bord seiner eigenen Schiffe, allen voran den Wissenschaftler Francois Péron. Schon auf der Reise in die Südsee erhitzen sich die Gemüter an Bord der überfüllten Schiffe Baudins. Prügeleien und Disziplinprobleme machten sich breit. Beim Zwischenstopp auf Mauritius – seit 1767 unter dem Namen Isle de France französische Kronkolonie – verließen 46 Seeleute und zehn Wissenschaftler die Schiffe der Expedition. Gesundheitliche Gründe wurden teils zu Recht, teils als Vorwand angeführt. Tatsächlich war die Mannschaft der Le Geographe, als sie am 20. Juni 1802 in Port Jackson einlief, in einem erbärmlichen Zustand. Gerade einmal zwölf Männer durften noch als halbwegs diensttauglich angesehen werden, der Rest hatte mit Ruhr und Skorbut zu kämpfen. Die Aufnahme der französischen Expedition im britischen Hafen war außerordentlich freundlich. Die Kranken wurden im örtlichen Hospital wieder aufgepäppelt, die Schiffe – die Naturaliste hatte Port Jackson bereits Wochen vor der Geographe erreicht – wurden großzügig mit frischem Fleisch, Wasser und anderen Lebensmitteln ausgestattet. Flinders wurde in dieser Zeit auf der Investigator zum Gastgeber für die französischen Kommandanten und Offiziere, den Gouverneur und seiner Stabsmitglieder. Dass dabei gegenseitig Informationen über die entdeckten beziehungsweise erforschten Teile Australiens ausgetauscht wurden, versteht sich beinahe von selbst. Denn es ging schließlich nicht nur um die Präsentation jeweils nationaler Leistungsfähigkeit, sondern auch darum, möglichen Gebietsansprüchen der Franzosen vorzubauen. Und immerhin war gerade die Nachricht vom Frieden zwischen den Nationen in Port Jackson eingetroffen, womit das gegenseitige Imponiergehabe zumindest formal zum freundschaftlichen Austausch unter Kollegen wurde. Auch wenn der Intimfeind Boudins, der Wissenschaftler Francois Péron[100], unhöflicherweise die Erkundungsleistungen der Briten anzweifelte, der Wettlauf um kartierte Kilometer war ohnehin noch nicht zu Ende.

Der französische Kommandant sandte die Naturaliste mit den bisherigen Ergebnissen nach Frankreich zurück, kaufte das 20-Tonnen Schiff Casuarina und setzte am 18. November 1802 seine Erkundungen fort. Im Februar 1803 segelte er nach Mauritius, wo er im September des gleichen Jahres an Tuberkulose starb. Mit dem Kapitän der Casuarina gelangten nun auch die Ergebnisse des zweiten Teils der Reise am 25. März 1804 nach Frankreich. Wissenschaftlich war die Expedition ein gewaltiger Erfolg. In 33 großen Kisten erreichten zusammen mit den beiden Wissenschaftlern Péron und Louis de Freycinet mehr als 100.000 Proben tierischen Lebens in Australien, darunter 2.500 Tierarten, teils eingelegt in Alkoholfässchen Paris. Und am Ende konnten sich auch die kartographischen Leistungen sehen lassen.[101]

Mitte November 1803 machte sich auch Matthew Flinders mit dem Schoner Cumberland auf dem Weg nach England. Die Investigator hatte er in Port Jackson wegen ihres schlechten Zustandes zurücklassen müssen. Die Porpoise war beim seinem ersten Versuch, in die Heimat zurückzukehren, auf ein Riff gelaufen und der Zustand der Cumberland schien ebenfalls nicht geeignet, wenigstens das Kap der Guten Hoffnung zu erreichen. Flinders entschloss sich notgedrungen, die Ile de France, das heutige Mauritius anzulaufen und erreichte am 15. Dezember 1803 die französische Insel. Der Empfang war ernüchternd. Gerade war bekannt geworden, dass England Frankreich den Krieg erklärt hatte und das Kap der Guten Hoffnung wieder in holländischen Besitz übergegangen war. Und hier auf Mauritius bot – obwohl französische Kolonie – auch der Freibrief des französischen Marineministers keinen Schutz. Charles Matthieu Isodore Decaen, der Gouverneur der Insel war auf Napoleon nicht gut zu sprechen und nutzte eine Unstimmigkeit im Dokument als Vorwand, um den britischen Kommandanten und seine Leute sowie Trim gefangen zu nehmen. Im Papier, das Flinders im Namen der französischen Regierung freies Geleit zusicherte, war ausdrücklich die Investigator als Schiff erwähnt. Und die Tatsache, dass Flinders nun mit dem kleinen Schoner Cumberland in französischen Gewässern auftauchte, machte ihn in den Augen des Gouverneurs zu einem Spion. Decaen war im Rahmen der politischen Wirren um den Aufstieg Napoleon Bonapartes bei diesem in Ungnade gefallen und vorsichtshalber weitab vom Schuss als Gouverneur der Ile de France kaltgestellt worden. Die Bewohner der Insel hatten ohnehin ein gespaltenes Verhältnis zu Frankreich, nachdem die Revolutionsregierung offiziell die Sklaverei abgeschafft hatte. Zuckerrohr und Gewürzplantagen, bearbeitet von Sklaven aus Ostafrika

Der französische Korsar Robert Surcoufe überfällt mit seiner Korvette einen englischen Ostindienfahrer. Surcoufe operierte unter anderem von der Isle de France aus und machte dem englischen Ostindienhandel schwer zu schaffen.

und Madagaskar, bildeten schließlich das Rückgrad der Wirtschaft.[102]

Im Rahmen der napoleonischen Kriege war allerdings noch ein anderer einträglicher Wirtschaftszweig hinzugekommen. Ausgestattet mit Kaperbriefen der französischen Regierung machten zahlreiche Korsaren Jagd auf englische Schiffe und fanden Unterschlupf in den Häfen und Buchten der französischen Inselkolonie. Und Flinders dürfte nicht ganz falsch gelegen haben, als er vermutete, der Gouverneur wollte die Cumberland samt Inhalt als Prise behandeln. Für den Decaen war die Kaperwirtschaft ohnehin eine einträgliche Einnahmequelle. Wenigstens zehn Prozent des Verkaufserlöses der gekaperten Schiffe, so schätzte Flinders, blieben bei ihm hängen. Und es waren nicht wenige Prisen, deren Einlaufen in den Hafen Grand Port Flinders beobachtete und dokumentierte. Durch die zahlreichen britischen Gefangenen, Zivilisten und Navy Angehörige, die in Zusammenhang mit dem Kapergeschäft auf der Insel landeten und diese nach Verwertung der Prisen bald wieder verlassen durften, konnte Flinders den Kontakt zur Außenwelt aufrecht erhalten, um Hilfegesuche an die zuständigen Stellen zu leiten und auch seiner Familie Briefe zukommen zu lassen. Aber selbst die Anordnung der französischen Regierung, diesen Gefangenen freizulassen, Petitionen der Briten oder Fürsprache französischer Offiziere konnten Decaen nicht dazu bewegen, Flinders freizulassen und seine Expeditionsunterlagen herauszurücken. Und so kam es, dass 1807 ausgerechnet der offizielle Reisebericht der Boudin-Expedition, verfasst von Francois Péron, mit umfassenden Kartenmaterial erschien, während Flinders keine Möglichkeit hatte, seine Ergebnisse zu publizieren. Ärgerlich war das vor allem deshalb, weil der sehr nationalistisch gesinnte Péron die faktischen Entdeckungen Flinders' durch deren französische Umbenennung als Eigene ausgab. Erst nachdem Flinders' Reisebericht am 18. Juli 1814, einen Tag nach dessen Tod publiziert wurde, erfuhren auch die Bezeichnungen in den französischen Atlanten eine entsprechende Korrektur.

Es war im Jahre 1810, als der gesundheitlich angeschlagene Flinders im Rahmen der Eroberung der Ile de France durch die britische Flotte seine Freiheit wiedererlangte. Für den treuen Freund Trim war das viel zu spät. Der war anfangs zusammen mit Flinders und einem anderen Offizier in einem Raum eingesperrt und trug durch seine Unbekümmertheit und gute Laune dazu bei, den Arrest für die Menschen erträglicher zu machen. Er selbst fand immer wieder einen Weg, sich davonzustehlen und von den Wärtern unbemerkt Ausflüge in die Umgebung zu machen. Zweifellos hatte der kontaktfreudige Kater neue Bekanntschaften geknüpft, denn er verschwand, wie Flinders feststellte, immer öfter. Aus Angst, ihn zu verlieren – zumal die französischen Wachsoldaten Trim mit recht hungrigen Blicken betrachteten – entschied sich Flinders, den Kater nach dem Abendessen einzusperren. Das konnte natürlich kein Dauerzustand sein. Und als die Haftbedingungen ein wenig gelockert wurden, gab Flinders seinen Kater zur Sicherheit in die Obhut der kleinen Tochter einer französischen Dame, die den freundlichen Vierbeiner schnell in ihr Herz geschlossen hatte. Kaum zwei Wochen später meldete die Inselzeitung, dass eine Belohnung von zehn spanischen Dollar für jeden ausgesetzt war, der Trim zu seiner kleinen Besitzerin zurückbringen würde, die sich die Augen nach ihm ausweinte. Aber trotz Erhöhung des Finderlohnes und intensiver Suche blieb der kleine schwarze Weltumsegler mit dem großen Herzen für immer verschwunden.

Anhang

Eine biographische Hommage in Erinnerung an Trim, vom Matthew Flinders

aus dem Englischen übersetzt von Wolfgang Schwerdt und Karin Martin

Vorbemerkung

Die folgende Übersetzung orientiert sich – im Gegensatz zu den weitgehend an den Erzählstil des Buches angepassten einzelnen Passagen im Text – bewusst sehr eng an dem englischen Originaltext. Damit soll dem Leser ein Gefühl für die Ausdrucksweise zu Anfang des 19. Jahrhunderts vermittelt werden. Zum anderen gibt es meines Erachtens keinen Grund, der Emotionalität, dem Humor und der Zuneigung, die in und zwischen den Zeilen dieses Textes zum Ausdruck kommen, bei der Wiedergabe des Originals durch modernere und geglättete Formulierungen ihre Authentizität zu nehmen. Des Weiteren soll die Lektüre des Textes nicht durch Fußnoten oder Anmerkungen gestört werden. Deshalb ein paar kurze Erläuterungen: Die Namen der Schiffe sind von Flinders geändert worden. Mit der Roundabout ist die HMS Reliance gemeint, auf der Flinders seine Reise nach Sydney als frischgebackener Leutnant angetreten hatte. Die Spyall ist die HMS Investigator und mit Janty ist die HMS Porpoise gemeint. Bleibt schließlich noch die HMS Cumberland, die Flinders als Minikin bezeichnet. Whitingtons Katze ist eine Schiffskatze aus einem Märchen, das zu jener Zeit in aller Munde war. Und der türkische Spion gehört ebenfalls in die damals moderne Abenteuer- und Kriminalliteratur.

Allen Zweiflern sei übrigens gesagt: Matthew Flinders vierbeiniger Freund Trim hat tatsächlich existiert. Als Beleg sei hier folgende Bemerkung von Flinders in einem Brief vom 25. Juni 1803 an seine Frau Ann angeführt: „Trim wird wie sein Herr grau: er ist derzeit rund und munter und nimmt mit seiner gewohnten Geschicklichkeit Fleisch von unseren Gabeln. Für gewöhnlich ist er mein Bettgenosse."

Dezember 1809, Hommage an Trim[103]

(I) Ich kann nicht über Katzen reden, ohne ein Gefühl der Trauer um meinen armen Trim, dem Liebling der gesamten Mannschaft der Spyall. Dieses freundliche, schnurrende Wesen wurde 1799 an Bord seiner Majestät Schiff Roundabout auf der Überfahrt vom Kap der guten Hoffnung zur Botany Bay geboren. Obwohl vollwertiges Mitglied der Gemeinde von Stepney war Trim also ein gebürtiger Inder. Seine überragende Intelligenz, die sich bereits in seiner Kindheit bemerkbar machte, hatte einen Bildungsstand zur Folge, der weit über dem der anderen Mitglieder seiner Art lag. Aufgewachsen unter Seeleuten entwickelte sein Verhalten eine besondere Ausprägung, die sich von dem anderer Katzen etwa so unterschied wie das Verhalten eines furchtlosen Seemanns von dem eines faulen, schüchternen Ackerknechts. Jedenfalls waren es seine Freundlichkeit und sein angeborener Großmut, weshalb ich ihm den Namen des aufrichtigen, warmherzigen Begleiters meines Onkels Toby gab.

Im Spiel an Deck mit seinen kleinen Brüdern und Schwestern im Mondlicht, während das Schiff ruhig im Hafen lag, führte ihn sein Übermut dazu, dass er über Bord fiel. Aber das war beileibe kein Unglück, denn er lernte schwimmen und dass er keine Angst vor Wasser haben musste. Und als ihm ein Seil zugeworfen wurde, umklammerte er es wie ein Mann und kletterte daran hoch wie eine Katze. Er war in der Lage in kürzester Zeit die Stufen der Gangway hinaufzuklettern, schneller als sein Master und sogar schneller als der 1. Leutnant.

Als Liebling aller an Bord, sowohl der Offiziere als auch der Matrosen, war er wohlgenährt und wuchs schnell in Größe und Ansehnlichkeit. Eine Beschreibung seiner Person ist an dieser Stelle nicht unangebracht. Durch die gute Behandlung und Kraft seiner eigenen Körperbeschaffenheit wuchs Trim zu einem der schönsten Tiere heran, das mir jemals zu Augen kam. Seine Größe erreichte die seiner Freunde von Angora, sein Gewicht lag zwischen zehn und zwölf Pfund, je nachdem, ob das „Frischfleischometer" hoch oder niedrig stand. Sein Schwanz war lang, dick und buschig und wenn er durch die Anwesenheit eines Fremden der Antikatzen-Rasse dazu herausgefordert wurde, dann wuchs er zu einer Furcht erregenden Größe, während lebendige Blitze aus seinen feurigen Augen schossen, obwohl er normalerweise die Liebenswürdigkeit und Gutmütigkeit in Person war. Sein Kopf war klein und rund, seine Gesichtszüge ließen Intelligenz und Selbstvertrauen erkennen. Seine Schnurrhaare waren lang und elegant und der Schnitt seiner Ohren beschrieb einen wunderschönen Bogen. Trims Fell war kohlrabenschwarz mit Ausnahme seiner vier Pfoten, die wirkten, als seien sie in Schnee getunkt worden, und seiner Unterlippe, deren Weiß mit dem der Pfoten wetteiferte. Er trug ebenfalls einen weißen Stern auf der Brust und es schien als habe ihn die Natur als Fürsten und Vorbild seiner Art geschaffen. Ich bezweifle, dass Whitingtons Katze, über die so viel gesagt und geschrieben wurde, einem Vergleich mit ihm standgehalten hätte.

(II) Ungeachtet meiner großen Voreingenommenheit gegenüber meinem Freund Trim gebietet es mir die Gerechtigkeit, an dieser Stelle einen Charakterzug anzuführen, den viele für einen Makel halten werden: Es tut mir leid, das zu sagen, er war überaus eitel, besonders hinsichtlich seiner schneeweißen Pfoten. Häufig legte er sich auf dem Achterdeck direkt in den Weg der Offiziere, streckte seine weißen Pfoten in der Pose eines liegenden Löwen aus und zwang sie damit, stehen zu bleiben und ihn zu bewundern. Sicherlich wollten sie sich einander zuflüstern „schaut Euch die Eitelkeit dieser Katze an", tatsächlich aber mussten sie doch seine elegante Statur und seine wunderschönen weißen Pfoten bewundern. Wenn man freilich weiß, dass er zu der schönsten Gestalt, die man jemals gesehen hat, über außergewöhnliche persönliche und geistige Fähigkeiten verfügte, dann ist es klar, dass die Offiziere ihm einfach nicht böse sein konnten. Und die Männer waren viel zu weltgewandt, um auf ihn eifersüchtig zu sein.

Ich bin niemand, der Eitelkeit rechtfertigen würde, aber wenn sie überhaupt entschuldbar wäre, dann in diesem Fall. Wie viele Menschen gibt es, die weder Ansprüche aus Geburt, noch Vermögen oder Fähigkeiten, seien es persönliche oder geistige, ableiten können, deren Eitelkeit sich nicht auf solche harmlosen Grenzen beschränkt wie dies bei Trim der Fall war! Und ich möchte zu seinen Gunsten anführen, dass er niemals schlecht über andere sprach oder sich über deren Ansprüche beschwerte. Das ist mehr als man über sehr viele Zweibeiner sagen kann.

(III) Trim war, obwohl eitel, wie wir gesehen haben, nicht wie jene jungen Männer, die, sich ihrer Unabhängigkeit sicher, ihre Jugend sinnlos vergeuden und jedes ernsthafte Bemühen als kleinlich, unwürdig oder zumindest als wertlos erachten. Im Gegenteil, er war beseelt von einem großen Eifer, seine Fähigkeiten zu vervollkommnen. Seine Übungen begannen mit dem Erlernen der Kunst des über die Hände Springens. Und da jeder auf dem Schiff gerne mit ihm trainierte, hatte er schließlich eine Stufe der Perfektion erreicht, die mich davon überzeugt sein lässt, dass wenn die Natur ihn in das Reich von Lilliput platziert hätte, ihn seine Verdienste in die höchsten Ämter dieses Staates befördern würden.

Ihm wurde beigebracht, sich flach auf den Rücken auf das Deck zu legen, alle viere von sich gestreckt wie ein Toter. In dieser Haltung würde er – während sein Ausbilder weiterhin auf und ab ging – solange verharren, bis ihm ein Signal zum Aufstehen gegeben wurde. Wenn er freilich aus dieser für einen Vierbeiner sicherlich sehr unangenehmen Position nicht entlassen wurde, zeigte eine leichte Bewegung seines Schwanzes die beginnende Ungeduld an und seine Freunde setzten den Unterricht dann nicht weiter fort.

(IV) Trim gefiel es, die Kunst der seemännischen Astronomie zu erlernen. Wenn ein Offizier Mond- oder andere Beobachtungen machte, setzte er sich neben den Zeitnehmer und beobachtete die Bewegungen seiner Hände mit größter Aufmerksamkeit. Er versuchte, die Hand mit dem Chronometer zu berühren, lauschte dem Ticken und umrundete das Stück um sich zu versichern, dass es sich nicht um ein lebendiges Tier handelte. Er maunzte den jungen Herrn an, dessen Aufgabe es war, die Zeiten zu notieren, und schien eine Erklärung zu verlangen. Wenn der Offizier seine Beobachtung gemacht hatte, riss sein Ruf „Stopp" Trim aus seinen Beobachtungen. Er richtete seinen Schwanz auf, kletterte in der Takelage in die Nähe des Offiziers und miaute ihn an, um die Bedeutung all dieser Vorgänge zu erfahren.

Schließlich fand Trim heraus, dass ihn die Natur nicht zum Astronomen geschaffen hatte. Und er war vernünftig genug, eine zwecklose Beschäftigung nicht weiter fortzusetzen. Aber mit einer Gewehrkugel an einen Faden gebunden und mit einer leichten Fingerbewegung auf dem Deck zum Tanzen gebracht gelang es immer, seine Aufmerksamkeit zu erregen und ihm ein wenig Freude zu bereiten. Vielleicht lag es an der großen Ähnlichkeit zur Bewegung seines Lieblingsplaneten, des Mondes, bei seinem Umlauf um das Zentrum, das wir bewohnen. Es stellte sich ebenfalls heraus, dass er Experimente zu Beschleunigungs- und Gravitationskräften an Projektilen durchführte. Wenn eine Kugel vorsichtig über das Deck geworfen wurde, jagte er ihr nach. Und wenn die Gravitation in Verbindung mit der Reibung den Vortrieb überwand, gab er der Kugel einen frischen Impuls, meist, um ihre ursprüngliche Richtung in eine elliptische Bahn umzulenken. Ansonsten schien die Form der Erde Gegenstand seiner Experimente zu sein und die Kugel sollte einen Rotationsellipsoid darstellen. Die Matrosen nutzten seine Neigung, um Experimente mit kugelförmigen Körpern durchzuführen. Oft bauten sich zwei von ihnen an den beiden Enden des Vordecks auf und das Hin- und Hertrudeln einer Kugel von einem zum anderen hielt den hinterher rennenden Trim in ständiger Bewegung. Seine Bewunderung für das Planetensystem hatte eine permanente Leidenschaft für alles Runde, das in Bewegung war, zur Folge. Hätte Trim von einem Modell des Sonnensystems lernen oder sogar Mr. Walkers Experimenten in der Naturphilosophie beiwohnen können, bestünde kein Zweifel an der Entwicklung, die er in den erhabensten der Wissenschaften hätte nehmen können.

Das Verlangen, qualifizierte Kenntnisse in praktischer Seemannschaft zu gewinnen, war nicht geringer als das nach experimenteller Philosophie. Die Demontage eines Topmasts oder das Einstecken eines Reffs war es, das seine größte Aufmerksamkeit auf See hervorrief. Und immer wenn es an Deck besonders geschäftig wurde, verpasste er es für gewöhnlich nicht, dabei und zwar mittendrin zu sein. Denn er war, wie ich vorhin angedeutet habe, mit einem ungewöhnlichen Maß an Selbstvertrauen und Mut ausgestattet. Da er nur Gutes von den Menschen erfahren hatte, war er der Überzeugung, alle seien seine Freunde und er sei der Freund von allen. Da die Art des Gewusels an Deck von ihm nicht verstanden wurde, miaute er und rieb seinen Rücken an den Beinen des einen oder anderen – nicht selten Gefahr laufend, von den Füßen zertrampelt zu werden – bis er von irgendjemandem die Aufmerksamkeit bekam, derer er bedurfte. Er kannte die Voraussetzungen für ordentliche Disziplin und wenn ein Reff gesteckt werden musste, kam er nicht auf die Idee, aufzuentern, bevor der Befehl kam. Aber sobald der Offizier rief: „Ab in die Wanten", sprang er zusammen mit den Matrosen auf und er war so engagiert und diensteifrig, dass er vor allen anderen oben war und niemand so schnell war wie er. Seine Begeisterung konnte aber nie sein Gefühl für Würde beeinträchtigen. Er legte nicht wie ein Seemann auf der Rah aus, sondern blieb die ganze Zeit auf dem Eselshaupt sitzen, um die Arbeiten wie ein Offizier zu überwachen. Diese Autoritätsanmaßung, zu der ihn, das muss hier festgehalten werden, seine Stellung unter den Männern – so großartig er als Vierbeiner auch sein mochte – nicht berechtigte, verursachte keine Missgunst. Denn er fand immer einen guten Freund, der bereit war, ihn nach getaner Arbeit zu streicheln und ihn in seinen Armen mit nach unten zu nehmen.

Im Hafen erregten ganz besonders die Arbeiten mit den Log- und Lotleinen an Deck und das Be- und Entladen der Frachträume seine besondere Aufmerksamkeit. Kaum wurde ein Fass bewegt, flitzte er darunter und stürzte sich auf die Feinde von König und Vaterland. Dabei entging er mehrfach nur knapp der Gefahr, dass sein Kopf zerschmettert würde. Im Vorratsraum war er noch unermüdlicher. Häufig verlangte er, dort für zwei oder drei Tage allein in der Dunkelheit gelassen zu werden, damit ihn nichts bei der Ausübung seiner Pflicht stören würde. Das war eine der glänzendsten Charaktereigenschaften meines Freundes Trim die tatsächlich jeder Persönlichkeit zur Ehre gereichen würde. Ich denke, bei den folgenden Ausführungen werde ich nicht der ungerechtfertigten Voreingenommenheit beschuldigt werden. Zunächst liegt auf der Hand, dass er keine Angst vor bösen Geistern und folglich ein gutes Gewissen hatte. Zweitens ist klar, dass er über ein Maß an Geduld und Ausdauer verfügte, dessen sich nur wenige Männer rühmen können. Und drittens ist offensichtlich, dass er all diese beachtlichen Fähigkeiten wie ein loyaler Untertan in den Dienst der treuen Diener seiner Majestät und damit indirekt seiner Majestät selbst stellte. Ach! mein armer Trim, man muss nur deine außergewöhnlichen Leistungen kennen, um allgemeine Bewunderung zu wecken.

(V) Trim durfte auf den Tisch beinahe jedes Offiziers und Mannes an Bord. In der Fähnrichsmesse war er immer als erster bei Tisch. Aber obwohl er für gewöhnlich eine Viertelstunde vor allen anderen Platz genommen hatte, übte er sich in einer solch zurückhaltenden Bescheidenheit, dass man seine Stimme nicht vernahm, bevor jeder andere am Tisch bedient worden war. Dann bat er weder um eine volle Portion – dafür war er viel zu bescheiden – noch begehrte er Teller oder Besteck, worauf er gut verzichten konnte, sondern mit einem sanft einschmeichelnden Miau ersuchte er um ein winzig kleines Stück, um eine Art Abgabe vom Teller eines jeden. Und es hatte keinen Zweck, ihm das zu verweigern, denn wenn es sein musste, war Trim recht wagemutig, für gewöhnlich jedoch verhielt er sich sanft und wohlerzogen. Ohne große Umstände holte er sich den Happen von der Person, die er vergeblich angebettelt hatte, mit seiner Pfote von dessen Gabel, während sie auf dem Weg zum Mund war, mit einer solchen Geschicklichkeit und eleganten Bewegung, dass es eher Bewunderung statt Ärger auslöste. Aber er sprang mit seiner Beute nicht etwa vom Tisch als habe er etwas Unrechtes getan. Vielmehr nahm er den Bissen in sein Maul und aß ihn in aller Seelenruhe auf, bevor er zum Nächsten ging und sein Miau wiederholte. Wenn ihm sein Anteil verweigert wurde, war er bereit, jede Situation auszunutzen.

Da gab es Männer, die so leichtfertig waren, zu sprechen, wenn sie eigentlich essen sollten, die ihr Stück Fleisch mitten in der Luft hielten, bis eine Pause in der Rede die Gelegenheit eröffnete, ohne ihre Geschichte zu unterbrechen, den Happen in den Mund zu schieben. Gäste, die dieser Beschreibung entsprachen, waren ein gefundenes Fressen für Trim. Wenn ihnen eine kurze Pause die Zeit gab, den vorbereiteten Bissen zu sich zu nehmen, waren sie oft verwundert, dass das Fleisch auf unerklärliche Weise verschwunden war.

Eines Tages war Trim ein leckerer Happen aufgrund des schnellen Schlingens eines der jungen Herren entgangen, der in der Fähnrichsmesse aß. Jedenfalls zusehend, wie er gleichzeitig aß und sprach, gab mein hartnäckiger Gentleman den Bissen nicht auf, obwohl er bereits halb gekaut und kurz davor war, zu verschwinden. Doch die Weste unseres arglosen Gastes hinaufkletternd – denn Trim war damals noch ein Kitten – und an jeden Mundwinkel eine Pfote platzierend, belagerte er energisch seinen Leckerbissen. Und als der verblüffte Fähnrich unartikuliert rief: „G-dd—n the cat!", fischte Trim den Bissen ordentlich aus seinem Mund und schleppte ihn davon. Damit hatte er es zu weit getrieben und so erhielt er einen Rüffel, der so etwas zukünftig verhindern sollte.

Der Steward der Fähnrichsmesse war allerdings Trims besonderer Vertrauter. Und obschon er mit den Herren gespeist hatte, war Trim sich nicht zu schade, sich ebenfalls zum Untergebenen zu setzen. William hatte eine hohe Meinung von Trims Intelligenz, so dass er zu ihm sprach wie zu seinem Kind, während meine vierfüßige Herrschaft in sein Gesicht schaute und ihn zu verstehen und vernünftige Antworten zu geben schien. Nach dem Essen des Tages mit Trims unverfrorener Aktion führten sie folgendes Gespräch:

„Ist dir klar, Herr Trim, dass du dich sehr schlecht benommen hast?" – „Mi-au?"

„Es ist völlig in Ordnung, deine Spielchen mit denen, die du kennst, zu spielen, aber du solltest bei Fremden zurückhaltender sein." – „Miau!"

„Was fällt dir eigentlich ein, zu behaupten, ich hätte dir kein Frühstück gegeben? Habe ich dir nicht die ganze Milch gegeben, die übrig war, und etwas Brot darin eingeweicht?" – „Miau - auau!"

„Kein Fleisch! Was! Du wirst unverschämt? Ich werde dich an die Kette legen, hörst du, Sir!" – „Mi – au."

„Na gut, wenn du mir versprichst, dich zu bessern, sollst du zum Abendbrot ein schönes Stück kalten Hammelschenkel bekommen, ganz bestimmt." – „Miau – iau!"

„Sachte, Herr Trim. Ich werde es dir jetzt geben, aber erst musst du es mir bei deiner Ehre versprechen." – „Mi – au."

„Na dann komm her, mein braver Junge, komm her und gib Küsschen."

Trim hüpfte auf seine Schulter und rieb seinen Kopf gegen Williams Wange und erhielt das Hammelfleisch Stück für Stück aus dessen Mund.

(VI) Für eine Expedition, die unternommen wurde, um die nördlichen Teile der Küste von New South Wales zu untersuchen, bat Trim um die Erlaubnis, teilnehmen zu dürfen. Da er sich anbot, unseren Proviant zu bewachen, wurde seiner Bitte entsprochen. Bongaree, ein intelligenter Eingeborener von Port Jackson, war ebenfalls an Bord unseres kleinen Schiffes. Und zu ihm entwickelte Trim eine innige Freundschaft. Wenn er etwas trinken wollte, miaute er Bongaree an und hüpfte auf den Wasserkanister. Hatte er Hunger, rief er ihn zu sich herunter und lief direkt zu seinem Burschen, der immer einen Leckerbissen für ihn bereithielt. Bongaree war Trims Versorgungsquelle und seine Freundlichkeit wurde ihm mit Liebkosungen zurückgezahlt.

Trim zeigte niemals irgendwelche Zeichen von Angst und man darf mit Fug und Recht behaupten, er misstraute oder fürchtete niemanden.

Im Jahr 1800 kehrte die Roundabout über Kap Horn und Sankt Helena nach England zurück. Damit hatte Trim – neben seinen anderen Reisen – seine Weltumsegelung vollbracht. Zahlreich und bemerkenswert waren seine Beobachtungen in den verschiedenen wissenschaftlichen Disziplinen. Vor allem an der Naturgeschichte kleiner Vierbeiner, Vögel und fliegender Fische hatte er viel Geschmack gefunden. Diese Beobachtungen, versehen mit seinen Anmerkungen über Menschen und deren Gebräuche, werde ich vielleicht, wenn ich Zeit dazu finde, es aufzuarbeiten, der Öffentlichkeit zugänglich machen. Und wegen der vielen Meere und Länder die er besucht hat, verbunden mit seinen überragenden Fähigkeiten, verdächtige Subjekte zu aufzuspüren und seiner Begabung, sie dingfest zu machen, dürften diese Beobachtungen sehr viel interessanter sein, als die imaginären Abenteuer eurer Guineas, Shillings oder Halfpences und glaubwürdiger als die Briefe des türkischen Spions.

(VII) Für Trim war nicht nur England fremd, sondern auch ein Haus und die Art darin zu leben. Der König des Botschafters von Bantam war in dieser Hinsicht wohl nicht erfahrener als Trim. Ich besorgte ihm eine Unterkunft in Deptford und übergab ihn der Obhut der guten Frau des Hauses, die versprach, ihm das Leben auf festem Boden beizubringen. Aber sie wusste nicht, worauf sie sich eingelassen hatte. Er schlüpfte aus dem Schiebefenster auf das Dach des Hauses, überzeugt davon, dass dies seine Beobachtungen des Umlandes erheblich erleichtern würde. Als es zu regnen begann, wurde das Schiebefenster geschlossen. Für andere Katzen ein unüberwindliches Hindernis, nicht aber für Trim: der krachte, zum großen Schrecken der guten Gastgeberin, durch das Glas wie ein Donnerschlag. „Meine Güte Trim", rief sie, als sie in die Kammer stürzte, „bist du es? Sie sagten, du wärest eine merkwürdige ausländische Katze, in Wirklichkeit denke ich, bist du der Teufel: ich muss dich einsperren, denn wenn du dich bei den Nachbarn genauso benimmst, halten sie dich für einen Einbrecher. Aber komm, ich weiß, dein Herr wird den Schaden begleichen: hast du dich geschnitten?"

Wehe dem guten Porzellan, wenn Trim in den Wandschrank der guten Frau gelangte. Eure feinfühligen Stadtkatzen gehen mit Bedacht zwischen Tassen und Tellern hindurch, ohne diese auch nur zu berühren. Trim jedoch, wenn er eine darin Maus entdeckte, schoss auf sie zu wie ein wilder Krieger, durch dick und dünn und die Scherben flogen in alle Richtungen. Die gute Frau dachte zunächst, ein böser Geist treibe sein Unwesen in ihrem Geschirrschrank – sie öffnete vor Angst schlotternd die Tür und zu ihrem grenzenlosen Entsetzen sprang mein schwarzer Herr heraus, direkt auf ihre Schulter: Sie war beinahe vor Angst gestorben. Als sie sah, welchen Schaden er an ihrem geliebten Porzellan, ihrem ganzen Stolz angerichtet hatte, schnappte sie sich Trim, um ihn gründlich zu verprügeln. Aber statt zu versuchen, zu entkommen, rieb das drollige Tier seine Wange gegen ihr Kinn und begann zu schnurren. So brachte sie es doch nicht über ihr Herz, ihn zu schlagen. Stattdessen zögerte sie einen Moment, stieß einen Seufzer aus und sammelte die Scherben auf.

Ich nahm ihn in der Postkutsche mit nach London. Und da in der Kutsche keine feinen Damen waren, die durch die Anwesenheit einer fremden Katze geängstigt werden konnten, ließ ich ihm die volle Bewegungsfreiheit. Er war durch die neue Situation keineswegs verunsichert, sondern platzierte sich auf den Sitz, streckte seine weißen Pfoten aus und benahm sich gesittet wie jeder andere Passagier. Zur Bewunderung zweier Herren übrigens, die während der ganzen Reise nicht müde wurden, Fragen zu seiner Erziehung, seinen Manieren und Abenteuern zu stellen.

Ein vertrauenswürdiger Bekannter nahm Trim in seine Familie auf. Aber bald bat er mich, ihn zurückzunehmen, denn „so ein merkwürdiges Tier", sagte er, „habe ich noch nie gesehen. Ich habe Angst, ihn zu verlieren. Am hellerlichten Tage geht er durch die Straßen und reibt sich an den Beinen der Passanten. Einige haben ihn hochgenommen, um ihn zu streicheln, aber ich fürchte, irgendjemand wird ihn einfach mitnehmen."

(VIII) Ich nahm ihn mit an Bord der Spyall zu einer zweiten Reise in die Südsee. Hier fühlte sich Trim wieder ganz zu Hause und seine Liebenswürdigkeit und außerordentliche Zutraulichkeit gepaart mit dem Vergnügen, das seine lustigen Streiche verursachten, machten ihn schnell wieder zu einem Liebling der Mannschaft, so wie er es schon an Bord der Roundabout gewesen war.

Wir hatten einige Hunde an Bord der Spyell, aber Trim war der unangefochtene Herr über sie alle. Wenn sie zum Spielen an Deck waren, begab er sich mit seiner imposanten Ausstrahlung mitten zwischen sie, schlug dem einen nach den Augen, verpasste dem anderen einen Kratzer auf der Nase und machte ihnen klar, dass sie ihm aus dem Weg zu gehen hatten. Er war ein leidenschaftlicher Gegner von Hunden so wie Hunde gewöhnlich etwas gegen Katzen haben dürften. Und ich habe ihn mehrmals vom Achterdeck aus losgeschickt, um einen Hund vom Vorderdeck zu treiben. Dann lief er schnell die halbe Strecke geduckt wie ein Löwe, der seine Beute in Sicht hat, um dann – eine hoheitliche Haltung annehmend und ohne sich durch die Drohgebärden seines Gegners beirren zu lassen – geradewegs auf diesen zuzumarschieren und ihm mit einem drohenden Fauchen einen Hieb auf die Nase zu verpassen. Wenn sich der Hund nicht unverzüglich zurückzog, sprang Trim mit seinem Kriegsschrei Yow auf ihn zu. Leistete der Hund immer noch Widerstand, so sprang Trim auf den Handlauf oberhalb des Hundekopfes und deckte ihn solange mit Hieben auf die Augen ein, bis der Hund froh war, heulend fliehen zu können. Trim verfolgte ihn, bis er Zuflucht unter Deck gefunden hatte. Dann kehrte er grinsend zu seinem Herrn zurück, um sich seine Streicheleinheiten abzuholen.

(IX) Während unserer Umsegelung Australiens in den Jahren 1801, 1802 und 1803 hatte Trim viele Gelegenheiten, die Beobachtungen und Experimente in seiner Lieblingswissenschaft, der Naturgeschichte, zu wiederholen und seinem Streben mit unverminderter Aktivität und Leidenschaft in den Dienst der Gemeinschaft zu stellen. Aufgrund des ungesunden Klimas, des Mangels an seinem üblicherweise frischen Futter und möglicherweise auch aufgrund zu intensiver Forschungen wurde dieses gute Wesen beinahe grau, verlor eine Menge an Gewicht und schien vorzeitig zu altern. Aber zur großen Freude seiner Freunde gewann er – kurze Zeit nach Rückkehr in den Hafen – sein schönes schwarzes Fell und seine gewohnte Stattlichkeit zurück.

Nur einmal wurde Trim beim Diebstahl erwischt. Es war nicht seine Art, aber eines unglücklichen Nachmittags führte ihn ein kaltes Hammelbein in der Speisekammer in Versuchung. Unfähig, die Keule allein wegzuschleppen, erhielt er Hilfe von Van, einem holländischen Kater an Bord. Die Katzen hatten es gemeinsam geschafft, sie vom Regal zu zerren, und waren gerade dabei, ihre Beute in den Laderaum zu schleppen, als der Steward kam und sie in Flagranti erwischte. Van flüchtete, aber der immer zutrauliche Trim machte keine Anstalten, wurde festgenommen und ordentlich verprügelt. Er ertrug die Schläge mit philosophischem Gleichmut. Aber kaum freigelassen, folgte er seinem holländischen falschen Freund und zahlte ihm seine Strafe mit Zinsen heim. Die Darstellung dieser unglücklichen Anekdote meines Freundes Trim wird, so hoffe ich, als ein Beweis für die Wahrheit der Geschichte verstanden und ich bitte den Leser darum, keine politischen Parallelen darin zu suchen, obwohl er sicher sein darf, dass es sich tatsächlich so abgespielt hat, wie hier erzählt.

(X) Da sich herausstellte, dass die Spyall inzwischen verrottet war, schiffte sich Trim auf der HMS Janty ein, um nach England zurückzukehren, und erlitt mit uns zusammen in der Nacht des 17. August 1803 Schiffbruch an einem Korallenriff im Südpazifik. Es übersteigt beinahe die Vorstellungskraft, was Trim während dieser entsetzlichen Nacht durchmachen musste, aber seine Tapferkeit war ungebrochen. Zwei lange, eintönige Wochen verbrachte er zusammen mit der Mannschaft auf dem Felsenriff. Während dieser Zeit war sein Diensteifer im Proviantzelt nicht geringer als in der Vorratskammer des Schiffes und er behielt seine gewohnte Liebenswürdigkeit. Als Schiffe zu unserer Rettung kamen, zog es Trim vor, seinem Herrn an Bord des Schoners Minikin zu folgen, statt mit der Mannschaft in einem großen Schiff nach China zu segeln. Damit gab er ein bemerkenswertes Beispiel seiner Anhänglichkeit.

Die Minikin erwies sich als undicht und musste die französische Insel Mauritius anlaufen. Dort wurden der arme Trim, sein Herr und einige Begleiter gefangen genommen unter dem Vorwand, sie seien gekommen, um die Einöde der Insel auszuspionieren. Dabei war klar, dass sie nichts vom Krieg wussten, der wenige Monate zuvor ausgebrochen war. Trim wurde in einen Raum mit seinem Herrn und einem anderen Offizier eingesperrt.

Und da er mehr Weisheit besaß als wir, trug er mit seinem Humor dazu bei, unseren Arrest erträglicher zu machen. Aber manchmal brachte er es fertig, der Aufmerksamkeit des Wärters vor der Tür zu entgehen und uns für kleine Ausflüge in die Umgebung zu verlassen. Wahrscheinlich hatte er auf seinen Streifzügen ein paar neue, geheime Bekanntschaften gemacht, denn sie häuften sich in unvernünftiger Weise. Aus Angst, dass ihm etwas zustoßen könnte, sahen wir uns gezwungen, ihn nach dem Abendessen einzusperren.

Als wir ins Maison Despeaux zu den anderen Kriegsgefangenen verlegt wurden, bot mir eine französische Dame an, Trim in Gewahrsam zu nehmen um einen Gefährten für ihre kleine Tochter zu haben. Und die Befürchtungen, die einige heimliche Aktivitäten der Wachsoldaten bei mir weckten, ließen mich zustimmen, zumal ich fand, dass seine Excellenz, der französische Gouverneur und General, daran keinen Anstoß nehmen könnte. Kaum zwei Wochen waren vergangen, als die Inselzeitung meldete, dass Trim nirgendwo zu finden war und eine Belohnung von zehn spanischen Dollar für jeden ausgesetzt war, der ihn zu seiner unglücklichen kleinen Besitzerin zurückbrachte. Mein Schmerz lässt sich kaum beschreiben, ich hätte mit Vergnügen fünfzig Dollar gegeben, um meinen Freund und Begleiter zurückzubekommen. Alle Nachforschungen und Angebote von Finderlohn waren vergebens, Trim blieb verschwunden. Und es ist mehr als wahrscheinlich, dass dieses außerordentlich zutrauliche Tier von einem hungrigen schwarzen Sklaven gekocht und gegessen worden war, in dessen Augen alle seine Vorzüge, die durch den geschmeidigen Körper und das schöne Fell angeregte Gier nicht aufwiegen konnten.

So endete mein treuer, kluger Trim!

Der unternehmungslustige, anhängliche und nützliche Begleiter meiner Reisen während vier Jahren. Niemals, mein Trim, werde ich jemanden wie dich wieder finden. Und bei allen, die das Vergnügen hatten, dich kennen zu lernen, wird die Trauer niemals nachlassen. Und dein dich liebender Herr und Freund verspricht dir: sollte er jemals das Glück haben in seinem Geburtsland Gehör zu finden, wird er dir im Schutze eines Stroh gedeckten Landhauses, umgeben von einem halben Morgen Land in der ruhigsten Ecke ein Denkmal errichten, um die Erinnerung an dich und deine außergewöhnlichen Leistungen aufrechtzuerhalten.

Und das soll deine Grabinschrift sein:

Zur Erinnerung an
Trim,
den besten und erhabensten seiner Rasse, –
dem herzlichsten Freund, –
dem treuesten Diener,
und dem besten Geschöpf.
Er umsegelte die Welt und machte eine Reise nach
Australien,
das er umrundete; und er war immer eine
Freude und ein Vergnügen für seine Mitreisenden.
Bei der Rückkehr nach Euro-
pa 1803 erlitt er Schiffbruch
im Südpazifik;

dieser Gefahr entkommen, suchte
er Zuflucht und Hilfe
auf der Isle of France, wo
er gefangen genommen wurde, entgegen den Gesetzen der
Gerechtigkeit, der Humanität und aus
nationalistischen Gründen der Franzosen;
und wo er leider! sein wertvolles Leben beendete,
durch einen vorzeitigen Tod,
verschlungen von den Katzenfressern
dieser Insel.
Oft habe ich seine kleinen Späße
mit Vergnügen beobachtet,
und mich von seiner überragenden
Klugheit überraschen lassen:
Niemals wird es wieder einen wie ihn geben!
Trim wurde im Jahr 1799 im südlichen Indischen Ozean geboren,
und verstarb wie beschrieben 1804
auf der Isle of France.

Friede seiner Seele, und
Ehre seinem Andenken

Bestrafungen auf der HMS Investigator zwischen Februar 1801 und Juli 1802

aus dem Logbuch von Matthew Flinders

Datum	Name
04.02.01	Fuller (Seesoldat)
06.04.01	Leach (Seesoldat)
18.04.01	Brown (Matrose) Wastreem (Matrose)
03.05.01	Hetherly
09.05.01	White
10.05.01	Brown Reynolds
19.05.01	Smith
19.06.01	Leech White
26.06.01	Smith (Matrose)
27.06.01	Jobb (Matrose) Coward (Matrose)
22.11.01	Donovan (Matrose)
06.12.01	Beach (Seesoldat)
30.12.01	Donovan (Matrose)
14.05.02	Robinson (Seesoldat)
24.05.02	Clark (Matrose)
01.06.02	Hetherly (Matrose)
15.06.02	Robinson (Seesoldat)
17.07.02	Smith Tozo

Vergehen	Strafe (Schläge)
Ungehorsam gegenüber dem Sergant	12
Unerlaubtes Entfernen	12
Befehlsverweigerung Verlassen des Bootes im Dienst	12 8
unerlaubter Landgang	12
unerlaubter Landgang	18
Landgang um 6 Tage überzogen, Flucht vor Offizier	24 18
Verlassen des Bootes, Unverschämtheit, Desertationsversuch	18
Trunkenheit und Befehlsverweigerung	8 18
aufrührerisches Verhalten und Prügelei	24
Trunkenheit und Befehlsverweigerung	12 12
Trunkenheit und Unaufmerksamkeit	12
Trunkenheit und mehrfache Befehlsverweigerung	12
wiederholte Trunkenheit und Prügelei	36
meuterisches Verhalten	12
Verlassen eines Bootes im Dienst	12
unerlaubtes Fernbleiben, Trunkenheit und meuterisches Verhalten	24
Verlassen der Wache	12
Trunkenheit und Schlägerei	12 6

Explorer-Connections: Die Lebensläufe von Cook, Bligh, Flinders und Banks
(ausgewählte Daten)

Jahr	James Cook
1728	geboren in Yorkshire, Nordostküste Englands, als Sohn eines Tagelöhners

Jahr	James Cook	William Bligh	Joseph Banks
1740 bis 1760	1745 Lehrling bei einem Gemischtwarenhändler	1754 geboren in Plymouth als Sohn der Leiter des Zollamtes und Teil einer alten Seefahrerfamilie	1740 geboren in London als Sohn eines reichen Landadligen
	1746 Matrose auf einem Kohlefrachter, Qualifikation bis zum Schiffsführer (Master)		1752 Besuch der Harrow School
	1754 Eintritt in die Royal Navy als Matrose auf der HMS Eagle		1756 Besuch des Eton College
	1755 Oberbootsmann		1760 Christ Church College in Oxford
	1756 erfolgreiche Steuermannsprüfung		
	1758 Vermessung des St. Lorenz Stromes		

Jahr	James Cook	William Bligh	Matthew Flinders	Joseph Banks
1761 bis 1780	1764 Kommando über den Schoner Grenville	1763 Captain's Servant?	1774 geboren in Licolnshire, Ostküste Englands, als Sohn eines Arztes	1766 Mitglied der Royal Society, Forschungsreise nach Neufundland und Labrador
	1768 Ernennung zum Leutnant und erste Südseereise	1770 Midshipman auf der HMS Hunter		
	1772 zweite Südseereise	1776 Navigator auf der HMS Reliance von Cooks dritter Südseereise		1768 Teilnahme an und Teilfinanzierung von Cooks erster Forschungsreise
	1774 Rückkehr und Posten im Greenwich Hospital			1772 Expedition nach Island und Labrador
	1776 dritte Südseereise			1778 Präsident der Royal Society
	1779 Cook wird auf Hawaii erschlagen			

Jahr	William Bligh	Matthew Flinders	Joseph Banks
1781 bis 1800	1781 Beförderung zum Leutnant und diverse Kriegseinsätze auf verschiedenen Schiffen der Navy	1789 Eintritt in die Royal Navy	1781 Wird zum Baronet ernannt und heißt nun Sir Joseph Banks
	1783 Übertritt in die Handelsmarine	1790 Offiziersanwärter auf der HMS Bellerophon	1791 Banks unterstützt die zweite Brotfruchtexpedition unter Kapitän Bligh
	1787 Commander der HMS Bounty, die auf Anregung Banks Brotfruchtbäume von Tahiti in die Karibik bringen sollte. Meuterei	1791 Midshipman auf der HMS Providence unter Kapitän Bligh	1795 Verleihung des Bath-Ordens
	1791 zweite Brotfruchtexpedition als Kommandant der HMS Providence	1795 Midshipman auf der HMS Reliance.	1800 Banks überzeugt die britische Regierung von der Notwendigkeit, den australischen Kontinent zu erkunden und weiter zu kolonialisieren
	1797 als Kapitän flottenweiter Spithead- und Nore-Meuerei betroffen.	Erkundung der Südostküste Australiens zusammen mit George Bass in einem kleinen Boot	
	Als Kapitän der HMS Director zeichnet sich Bligh in der Schlacht bei Camperdown gegen die Holländer aus	1798 erhält als Leutnant das Kommando über die HMS Norfolk und umrundet Tasmanien	

Jahr	William Bligh	Matthew Flinders	Joseph Banks
1801 bis 1820	1801 nimmt mit der HMS Glatton unter Admiral Nelson an der Schlacht von Kopenhagen teil	1801 Auf Initiative von Joseph Banks erhält Flinders das Kommando über die HMS Investigatie und bricht zu seiner Australienreise auf	1805 schlägt William Bligh als Gouverneur für New South Wales vor
	1805 wird auf Vorschlag von Joseph Banks Gouverneur von New South Wales	1803 erleidet mit der HMS Porpoise auf dem Wreck Reef Schiffbruch. Gerät auf seiner Rückreise nach England mit der HMS Cumberland auf Mauritius in Gefangenschaft Rückkehr nach England	1820 gestorben
	1811 Rückkehr nach England und Ernennung zum Konteradmiral,	1814 gestorben	
	1814 zum Vizeadmiral		
	1817 gestorben		

Literaturempfehlungen

Nagel, Jürgen G., Abenteuer Fernhandel. Die Ostindien-kompanien, Darmstadt 2011

Der Titel des Buches ist Programm. Der Autor schreibt nicht nur über die drei großen, die holländische, französische und englische Ostindienkompanie. Der Leser erfährt auch viel über die weniger bekannten Versuche, über staatliche Gesellschaften wie in Schweden, Preußen oder Dänemark, am lukrativen Ostindienhandel teilzuhaben. Dabei räumt er auch mit einer Reihe falscher Vorstellungen über Macht und Einfluss der Kompanien in Ostindien auf.

Lewis, Val, Ships' Cats in War and Peace, West Barn 2001.

Zahlreiche Biografien über tapfere, clevere, verwöhnte und freche Schiffskatzen sowie Schiffskatzengeschichten aus der Literatur hat der Autor in diesem Buch zusammengetragen und zum Teil mit Fotos, die selbst im Internet nicht zu finden sind, illustriert. (engl.).

Böndel, Dirk, Admiral Nelsons Epoche. Die Entwicklung der Segelschifffahrt von 1770 bis 1815, Herford/Bonn 1987.

Dieses Buch ist anlässlich einer Ausstellung im Berliner Museum für Verkehr und Technik entstanden und vermittelt einen umfassenden und reich illustrierten Überblick über alles, was mit der Kriegsschifffahrt zur Zeit Admiral Nelsons zu tun hat. Von der Geschichte, der Schiffsklassifizierung über die Hierarchie, Navigation und Ausbildung bis zum Leben an Bord. Antiquarisch zwar, aber im deutschsprachigen Raum immer noch Standardliteratur zum Thema.

Ronald, D.A.B., Young Nelsons. Boy Sailors during the Napoleonic Wars, Oxford 2009.
Ein spannendes Buch über ein selten behandeltes Thema, den Schiffsjungen und Azubis auf den Schiffen zur Zeit der napoleonischen Kriege. Aufgrund der sorgfältigen Recherche in historischen Dokumenten bietet der Autor einen tiefen Einblick auch in das gesellschaftliche und soziale Leben dieser Zeit. (engl.).

Kunst- und Ausstellungshalle der Bundesrepublik Deutschland GmbH u.a. (Hg.), James Cook und die Entdeckung der Südsee, München 2009.
Der Ausstellungskatalog zu James Coook und die Entdeckung der Südsee liefert einen hervorragenden Überblick über die wissenschaftlichen, technologischen, geographischen und kulturellen Hintergründe, Entdeckungen und Ergebnisse der drei Reisen des James Cook in die Südsee.

Bach-Ritter, Renate, Die Weltumsegelung der Novara 1857 – 1859. Österreich auf allen Meeren, Graz 2008.
Zeitlich ein wenig aus dem Rahmen fällt die Weltumsegelung der Novara. Als die österreichische Fregatte zu ihrer Weltumsegelung aufbrach, gab es kaum noch etwas zu entdecken. Es ging um eine Bestandsaufnahme des weltweit vorhandenen geograpfischen Wissens, um Prestige und um das Flagge Zeigen der Habsburger Weltmacht. Umfassend illustriert, mit zahlreichen

Anhang

Zitaten der teilnehmenden Wissenschaftler und mit Infokästen zur Geschichte des jeweiligen Zielortes versehen, ist dieses Buch weit mehr als nur ein Reisebericht der Novara.

Webseiten

„The Flinders Papers" vom National Maritime Museum in Greeenwich. Mit Briefen und Papieren, Aufsätzen und Originaldokumenten rund um Matthew Flinders (engl.).
http://www.nmm.ac.uk/flinders/index.cfm

„The Navigators" eine sehr informative Seite über die Reisen Flinders und Baudins, mit Infos zu Navigation, Schiffen, Wissenschaftlern und vieles mehr (engl.).
http://www.abc.net.au/navigators/

Homepage der Royal Society, Geschichte von 1660 bis heute, Biografien der Mitglieder, umfassendes Archiv zu wissenschaftlichen Essays a.a.m. (engl.).
http://royalsociety.org/about-us/history/

Homepage des Captain Cook Memorial Museum Whitby, mit gut strukturierten und schön illustrierten Informationen zu James Cook und seinen Reisen. Ein sehr schöner Überblick (engl.).
http://www.cookmuseumwhitby.co.uk/

Die Seite des Instituts für Ethnologie und Ethnologische Sammlung an der Georg August Universität in Göttingen. Mit Infos zur Cook/Foster-Sammung und der Baron von Asch-Sammlung (dtsch.).

http://www.uni-goettingen.de/de/sammlung/28899.html

Cook's Pacific Encounters, die Cook-Forster-Sammlung online auf der Seite des National Museum Australia (engl.).

http://www.nma.gov.au/online_features/cook_forster

Purr ‚n' Fur, Famous Felines. Eine Seite mit den Biographien zahlreicher Schiffskatzen der Geschichte (engl.).

http://www.purr-n-fur.org.uk/famous/index.html

Anhang

Glossar

Achterdeck. Der hintere Teil des Schiffes, der den Offizieren vorbehalten ist. Er darf von Mannschaft, Unteroffizieren oder Offiziersanwärtern nur nach Aufforderung oder auf Befehl betreten werden.

Anluven. Änderung des Kurses in die Richtung, aus der der Wind kommt. Bei der Begegnung feindlicher Schiffe ein Versuch, das andere Schiff auf die Leeseite (die dem Wind abgewandte Seite) zu zwingen, und ihm dadurch buchstäblich „den Wind aus den Segeln zu nehmen".

Back. Der Teil des Schiffes, der unter dem Vorderdeck liegt. Hier finden sich die Werkstätten und Kojen der Schiffshandwerker wie Segelmacher oder Zimmerleute.

Bark. Ein dreimastiges Schiff, dessen hinterer Mast nur ein Längssegel führt.

Beiboote. Im Gegensatz zu heute führten die Schiffe des Segelzeitalters keine Rettungsboote, sondern Arbeitsboote unterschiedlicher Zahl und Größe an Bord. Die Namen für diese Boote sind nicht immer eindeutig und bezeichnen sowohl Typ als auch Funktion. So kann ein Kutter sowohl ein Langboot, als auch eine Kapitänsgig sein, ein Versorgungs- oder ein Landungsboot. Kutter konnten ebenso wie die anderen größeren Boote gerudert oder gesegelt werden und waren durchaus seetüchtig.

Brigg. Ein zweimastiges Schiff mit Rahsegeln an beiden Masten

Collier (Whitby). Collier ist die englische Bezeichnung für Frachtschiff. Die Ostküstencollier, insbesondere jene aus Whitby, hatten dabei einen besonderen Ruf, nicht zuletzt wegen ihres Einsatzes als Forschungsschiffe. Es waren robuste, flachbodige Schiffe, die in der Lage waren, jeden nordwesteuropäischen Hafen anzulaufen, auch jene, die – wie viele in jener Zeit – keine festen Hafenanlagen besaßen.

Drehbasse. Ein drehbares, auf die Reling montiertes kleines Geschütz, üblicherweise zur Abwehr von Enterversuchen eingesetzt.

Driften. Das seitliche Abtreiben eines Schiffes durch Strömung und/oder Wind.

Fregatte. Ein dreimastiges Kriegsschiff, das an jedem Mast Rahsegel führte und zwischen 28 und 32 Kanonen auf einem einzigen Geschützdeck trug (siehe auch Schiffsränge).

Geschütze. Die Geschütze jener Zeit waren Vorderlader, deren Größe nach dem Gewicht der verschossenen Vollkugeln eingeteilt wurde. Die gängigen Größen waren 6, 8, 12, 18, 24, 32 und 42 Pfünder, wobei das Pfund von Nation zu Nation unterschiedlich war. Die normalen Kanonen, deren lange Rohre bis zu drei Tonnen (32 Pfünder) schwer sein konnten, hatten eine Reichweite von bis zu drei Seemeilen (ca. 5,5 Kilometer). Karronaden hatten kürzere Rohre, waren damit bei gleichem Kaliber leichter, verfügten aber über eine geringere Reichweite. Nelsons Flaggschiff HMS Victory hatte in der Schlacht bei Trafalgar zwei 68 Pfund- Karronaden an Bord, die mit ihren etwa 1,8 Tonnen gerade einmal so viel wie eine normale 12 Pfünder Kanone wogen.

Kalfatern. Das Abdichten der Fugen zwischen den Planken mit Werg und Teer

Kanalflotte. Während der napoleonischen Kriege blockierte die britische Marine die französischen Häfen, um einerseits das Auslaufen der feindlichen Flotte, andererseits die Versorgung Frankreichs mit wichtigen Gütern zu verhindern. Ein Schwerpunkt war dabei der englische Kanal, weil hier zudem die Gefahr der Invasion bestand. Der Blockadedienst verlief in der Regel ereignislos und die Schiffe waren oft mehrere Wochen ununterbrochen auf See.

Kaperbrief. Die offizielle Erlaubnis der Krone/Regierung eines Landes an Privatleute, feindliche Schiffe aufzubringen und diese samt Ladung gewinnbringend zu verkaufen.

Katze (neunschwänzige). Die Peitsche, mit der Bestrafungen wegen schwerer Disziplinarvergehen an Bord ausgeführt wurden. Die Peitsche mit den neun Riemen wurde vom Bootsmann für jede Bestrafungsaktion neu hergestellt. Auspeitschungen wurden nur an einfachen Seeleuten verübt, für Unteroffiziere und Offiziere verbot sich diese unwürdige Art der Bestrafung wegen des drohenden Respektverlustes gegenüber der Mannschaft. Die Katze war nur eines von mehreren Disziplinierungsinstrumenten. Je nach Art und Schwere des Vergehens fand auch der Stock oder der Tampen (dickes Schiffstau) Anwendung.

Korsar. Die Französische Bezeichnung für den Inhaber eines Kaperbriefes, also eines privaten Kriegsteilnehmers mit von der jeweiligen Regierung verbrieften Rechten zum Kapern und Verwerten feindlicher Schiffe.

Korvette. Dreimastiges Kriegsschiff mit Rahsegeln an allen Masten und 20 bis 26 Geschützen auf dem Oberdeck.

Kupferbeschlag. Im 18. Jahrhundert war man dazu übergegangen, das Unterwasserschiff gegen Algen- und Muschelbewuchs und zum Schutz gegen die gefürchtete Bohrmuschel mit Kupferplatten zu beschlagen. Davor versuchte man des Problems mit verschiedenen Unterwasseranstrichen, vor allem einer weißen bleihaltigen Farbe Herr zu werden.

Kutter. Eines der großen, seetüchtigen Arbeitsboote von Segelschiffen, die gerudert und gesegelt werden konnten. Kutter waren aber auch ein eigenständiger Schiffstyp mit einem Mast und gemischter Rah- und Längsbesegelung. Als bewaffnete Zollkutter dienten sie unter anderem dazu, den florierenden Schmuggel zwischen Frankreich und England zu bekämpfen.

Lee. Die dem Wind abgewandte Seite eines Schiffes

Log. Gerät zum Messen der Geschwindigkeit. In der Regel ein Holzbrett an einer Schnur, in der sich in regelmäßigen Abständen Knoten befinden. Durch den Wasserwiderstand bleibt das ausgeworfene Brett im Verhältnis zum fahrenden Schiff „stehen" und zieht dadurch die Leine zwischen den Händen des Matrosen hindurch. An der Zahl der Knoten, die innerhalb eines bestimmten Zeitraums durch die Hände des Matrosen gleiten, ergibt sich die Geschwindigkeit des Schiffes.

Logbuch. Das offizielle Dokument, in dem alle wichtigen Ereignisse und Daten durch den jeweiligen wachhabenden Offizier beziehungsweise Kapitän eingetragen werden.

Lot. Gerät zur Tiefenmessung und zur Messung der Bodenbeschaffenheit. Üblicherweise ist das Lot ein Bleigewicht mit hohlem Ende an einem mit Markierungen versehenen Seil. An der Zahl der Markierungen, die im Wasser verschwinden bis das Bleigewicht Meeresboden erreicht hat, lässt sich die Wassertiefe feststellen. Am im Hohlraum eingebrachten Talg, bleibt je nach Beschaffenheit des Meeresbodens Sand, Muscheln, oder bei Felsen gar nichts hängen. Die Verbindung von Tiefe und Bodenbeschaffenheit gibt – je nach Informationen der Seekarte oder der Erfahrung des Seemanns – Auskunft über die genaue Position des Schiffes in einem begrenzten Seegebiet.

Lugger. Ein als Depeschen- und Kaperfahrzeug verwendeter in Frankreich entstandener Schiffstyp mit an Spieren befestigten Längssegeln an den drei Masten.

Luv. Die dem Wind zugewandte Seite eines Schiffes.

Messe. Speise- und Aufenthaltsraum auf Schiffen. Jeder Mannschaftsteil hatte seine eigene Messe. Und so gab es die Offiziersmesse des Achterdecks, die Unteroffiziersmesse des Mittschiffs und die Mannschaftsmesse vor dem (Haupt-) Mast.

Portsmouth. Gelegen an der Südküste Englands (Kanalküste) ist die Hafenstadt noch heute der wichtigste Marinestützpunkt der Royal Navy.

Pressen. Das Zwangsverpflichten von Männern zum Navydienst. Offiziell unterlag die Zwangsrekrutierung festen Regeln, die jene Menschen vor den Pressgangs schützte, die beispielsweise in festen Arbeitsverhältnissen standen.

Pressgang. Da die Kapitäne selbst für die Vollständigkeit ihrer Besatzungen verantwortlich waren, schickten sie unter Führung eines Offiziers Gruppen von Matrosen an Land, die die männlichen Bewohner der jeweiligen Region rekrutieren sollten. Meist ging es dabei sehr rau zu und waren die Männer mit mehr oder weniger sanfter Gewalt erst einmal an Bord gebracht, ließ sich die Rechtmäßigkeit der Rekrutierung kaum noch überprüfen.

Prise. Ein im Rahmen des Navy-Dienstes oder eines Kaperbriefes „beschlagnahmtes" feindliches Kriegs- oder Handelsschiff.

Rahsegel. Quer zum Mast stehende, an einer Rundstange, der Rah befestigte, viereckige Segel.

Reede. Geschützter Ankerplatz vor einer Küste

Reisebericht. Offizieller im Auftrag der Admiralität verfasster ausführlicher Bericht über eine Forschungsreise.

Riemen. Fortbewegungsmittel beim Rudern eines Bootes oder Schiffes (Beispielsweise Galeere). Der Riemen wird von einem Menschen mit beiden Armen bedient.

Ruder. Steuereinrichtung eines Schiffes

Schiffsränge. Die Einteilung der Kriegsschiffe in Ränge richtete sich im 18. Jahrhundert nach der Anzahl der Decks und der Kanonen. Das sogenannte Ratifizierungssystem war allerdings ständigen Veränderungen unterworfen und wurde von Nation zu Nation unterschiedlich gehandhabt, so dass beispielsweise eine französische Korvette bei den Briten möglicherweise bereits als Fregatte gewertet wurde. Auf den Rängen 1 bis 4 finden sich bei den Briten 1797 die Linienschiffe von 60 bis über 100 Kanonen. Schiffe mit zwei Kanonendecks und 44 bis 48 Kanonen nahmen Rang 4 und 5 ein. Schiffe mit 28 bis 44 Kanonen auf nur einem Geschützdeck waren Fregatten 5. und 6. Ranges. 20 bis 26 Kanonen auf einem Geschützdeck wurden „postship" oder Korvette genannt und ebenfalls unter Rang 6 geführt. Alles was darunter lag – übrigens auch die Forschungsschiffe – war nicht mehr in den Rängen und erhielt weitgehend unabhängig von Typ und Größe die Sammelbezeichnung Sloop.

Schoner. Im 18. Jahrhundert ein in Amerika entwickeltes zweimastiges Schiff mit Längssegeln, das als Toppsegelschoner am oberen Teil des vorderen Masts auch Rahsegel tragen kann.

Senkblei. Siehe Lot.

Stengen. Die Rundhölzer, die den Mast nach oben verlängern. Nur der Teil vom Deck bis zum ersten „Mastkorb" nennt sich Mast. Darüber erheben sich die Marsstenge und dann die Bramstenge. Diese drei Teile ergeben zusammen das, was landläufig als Mast bezeichnet wird.

Spieren. Jede Art Rundholz, wie Rahen, Masten, Stengen etc.

Spithead. Östlicher Teil des Solent, der Meerenge zwischen der Südküste Englands und der Isle of Whight.

Hier versammelten sich wegen der windgeschützten Lage die Schiffe der Royal Navy vor ihrer Ausfahrt in den Kanal oder bei ihrer Rückkehr nach Portsmouth.

Tagebuch. Hier finden sich die privaten Aufzeichnungen und persönlichen Notizen der Forschungsreisenden, Offiziere und Seeleute. Meist dienen Logbuch und Tagebuch zusammen dem Verfassen des offiziellen Reiseberichtes.

Takelage. Die Gesamtheit von Masten, Tauwerk eines Segelschiffes mit Ausnahme der Segel.

Anmerkungen

1 Vgl. Lewis, Val, Ship's Cats in war and peace, West Barn 2010.

2 Forster, Georg, Enddeckungsreise nach Tahiti und in die Südsee 1772-1775, Kapitel 5, http://gutenberg.spiegel.de/buch/316/7, 29.05.2010.

3 Vgl. Lewis, Val, Ship's Cats in War and Peace, West Barn, 2001, S. 182.

4 Vgl. Flinders, Matthew, A Biographical Tribute to the Memory of Trim, Sydney 2002.

5 http://www.zedler-lexikon.de/blaettern/einzelseite.html?id=10656&bandnummer=01&seitenzahl=0850&supplement=0&dateiformat=1, 29.05.2012

6 Vgl. http://www.biographi.ca/009004-119.01-e.php?&id_nbr=227. 29.05.2012.

7 Vgl. Barker, Rosalin, The Rise of an early modern shipping industry. Whitby's Golden Fleet, S.37.

8 Vgl. Lainema, Matti/ Nurminen, Juha, Die Entdeckung der Arktis, Stuttgart 2010, S. 95.

9 Bown, Stephen R., Merchant Kings. When Companies Ruled the World, London 2010, S.1.

10 Vgl. Konstam, Angus, The Great Expedition. Sir Francis Drake on the Spanish Main 1585-86, S. 28-31..

11 Vgl. Dunn, Richard, Navigation im 18. Jahrhundert, in: Kunst- und Ausstellungshalle der Bundesrepublik Deutschland GmbH u.a. (Hg.), James Cook und die Entdeckung der Südsee, München 2009, S 75 - 78.

12 Vgl. Bruseth, James E./ Turner, Toni S., From a Watery Grave. the Discovery and Excavation of La Salle's Schipwreck, La Belle, S. 16 - 31.

13 Vgl. Lainema/ Nurminen, Die Entdeckung der Arktis, S. 94f.

14 Vgl. Hammel-Kiesow, Rolf/ Puhle, Matthias, Die Hanse, Darmstadt 2009, S. 92ff.

15 Vgl. Bown, Merchant Kings.

16 Vgl. Nagel, Jürgen G., Abenteuer Fernhandel. Die Ostindienkompanien, 2. Auflage, Darmstadt 2011, S.127ff.

17 http://www.zedler-lexikon.de/blaettern/einzelseite.html?seitenzahl=801&bandnummer=08&dateiformat=1&supplement=0&view=100, 29.05.2012.

Anhang

18 Vgl. Ude-Koeller, 275 Jahre Sammelleidenschaft, in Georgia Augusta 8 (2012), S.13.

19 Vgl. Krüger, Gundolf, Kulturelle Dynamiken in vorkolonialer Zeit, in: Georgia Augusta 8 (2012), S.35ff.

20 Vgl. http://royalsociety.org/about-us/history/, 28.05.2012.

21 Vgl. Bödecker, Hans Erich, Das Kommunikationsgefüge europäischer Gelehrter im Zeitalter der Aufklärung, in: James Cook, S.42f.

22 http://www.zedler-lexikon.de/blaettern/einzelseite.html?id=9712 1&bandnummer=09&seitenzahl=0598&supplement=0&dateiform at=1%20ff, 29.05.2012

23 Vgl. Schnakenberg, Ulrich, Raspe und die Anfänge der industriellen Revolution in Großbritannien, in: Linnebach, Andrea (Hg.), Der Münchhausen-Autor Rudolf Erich Raspe. Wissenschaft - Kunst - Abenteuer, S.46ff.

24 http://www.zedler-lexikon.de/blaettern/einzelseite.html?zedlersei te=ze010004&bandnummer=01&seitenzahl=0004&dateiformat=1 &supplement=0, 29.05.2012

25 Vgl. Hutchinson, Gillian, Geographie und Kartographie des späten 18. Jahrhunderts, in: Cook, S.79 - 82.

26 Vgl. Herbert, Kari/ Lewis-Jones, Huw, 77° Süd. Entscheidung am Südpol, o.A. 2012, Kap. 1 Der verborgene Kontinent, S. 18ff.

27 Vgl. Böndel, Dirk, Admiral Nelsons Epoche. Die Entwicklung der Segelschifffahrt von 1770 bis 1815, Herford, Bomm 1987, S. 116ff.

28 Ronald, Dave Bruce, Young Nelsons. Boy Sailors during the Napoleonic Wars, Oxford 2009, S. 49.

29 Vgl. ebenda, S. 29 ff.

30 Vgl. http://www.cookmuseumwhitby.co.uk/james-cook/cook-in-whitby/, 29.05.2012.

31 Vgl. Barker, Whitbys golden fleet.

32 Vgl. Schwerdt, Wolfgang, Vampire, Wiedergänger und Untote, Berlin 2011, S. 119,120.

33 Die Bezeichnungen der Decksränge können sich je nach Land, Zeit und Marine unterscheiden. Und so wird der Leser gelegentlich bei ein und derselben Person je nach Sprache und Quelle auf unterschiedliche Bezeichnungen stoßen. So kann beispielsweise der Master auch als Steuermann oder Schiffsführer auftauchen.

34 Vgl. http://www.cookmuseumwhitby.co.uk/james-cook/the-royal-navy-and-canada/, 29.05.2012.

35   Vgl. Gilbert, L. A., ,Banks, Sir Joseph (1743–1820)', Australian Dictionary of Biography, National Centre of Biography, Australian National University, http://adb.anu.edu.au/biography/banks-sir-joseph-1737/text1917 , 29.05.2012.

36   Vgl. Scott, Ernest, The Life of Captain Metthew Flinders, R.N., Sydney 1914, S.1ff.

37   Inwiefern diese Geschichte der Wahrheit entspricht, ist umstritten. Tatsächlich haben nicht nur die jeweiligen Familien oder Biographen an den Mythen der großen Männer mitgestrickt, sondern diese oft genug auch selbst. Die Geschichte mit dem Motivationsschub durch die Lektüre Robinsons stammt aus einer Autobiographie, die Cook selbst auf Aufforderung einer Marinezeitschrift abgeliefert hatte.

38   Vgl. Scott, Life of Flinders, S.16.

39   Vgl. Shaw, A. G. L., ,Bligh, William (1754–1817)', Australian Dictionary of Biography, National Centre of Biography, Australian National University, http://adb.anu.edu.au/biography/bligh-william-1797/text2037, 29.05.2012.

40   Vgl. Becke, Louis/Jeffery, Walter, The Naval Pioneers of Australia, London 1899, http://www.gutenberg.org/dirs/1/2/9/9/12992/12992-h/12992-h.htm#pg247, 29.05.2012.

41   Flinders, Tribute to Trim, S. 36,37, aus dem englischen übersetzt vom Autor. Flinders verwendet in seinem Aufsatz die Bezeichnung Roundabout für die HMS Reliance.

42   Vgl. Böndel, Admiral Nelsons Epoche S.124.

43   Vgl. ebenda, S.116ff.

44   Vgl. Ronald, Young Nelsons, S.20ff.

45   Vgl. Ebenda, S.20.

46   Vgl. Böndel, Admiral Nelsons Epoche S.123.

47   Flinders, Matthew, Reise nach dem Australlande in der Absicht die Entdeckung dessselben zu vollenden, engl./dt., hg und übers. von F. Götze, Weimar 1816, S.154.

48   A.a.O. S.167.

49   Hauser-Schäublin, Das Leben an Bord, in: Cook S.84.

50   Becke, Louis/Jeffery, Walter, The Naval Pioneers of Australia, London 1899, http://www.gutenberg.org/dirs/1/2/9/9/12992/12992-h/12992-h.htm#pg168i, 29.05.2012.

51   Flinders, Tribute to Trim, S. 8, aus dem englischen übersetzt vom Autor.

52   Vgl. Flinders, Reise nach dem Australlande, S.157.

53 Lord Sandwich war zu jener Zeit Chef der Behörde, die für die Ausstattung der Navy zuständig war. Es heißt, dass er korrupt gewesen sei und für gutes Geld mangelhafte Ware - und übrigens auch Schiffe - geliefert hätte.

54 Cook/Clerke/Gore/King, Tagebuch einer Entdeckungs Reise mach der Südsee in den Jahren 1776 bis 1780, engl./dt., hg. und übers von J.R. Forster, Berlin 1781, S. 13f.

55 A.a.O., S.16.

56 A.a.O., S.17f.

57 A.a.O., S.16.

58 Vgl. Byron/Carteret/Wallis/Cook, An Account of the Voyages Untertaken by the Order of his Present Majesty for making Discoveries in the Southern Hemisphere, London 1773, S. 544 - 555.

59 A.a.O., S.779f.

60 Flinders nannte das Kap aufgrund dieses Unglücks Cape Catastrophe. Nach jedem der Verunglückten benannte er zudem eine Insel, in der Größe sorgfältig dem jeweiligen Rang entsprechend ausgesucht. In gleichem Zusammenhang steht das Cape Memory, an dessen Spitze Flinders eine Gedenkplatte für die Opfer des Unglücks errichtete.

61 Logbuch von Matthew Flinders, Eintrag vom 21. August 1803, aus dem englischen übersetzt vom Autor, http://acms.sl.nsw.gov.au/album/albumView.aspx?acmsID=412367&itemID=823222, 28.05.2012.

62 Vgl. a.a.O., Eintrag vom 30. Oktober 1801.

63 Vgl. Flinders, Reise nach dem Australlande, S.252f.

64 Die Lady Nelson hatte die Admiralität in Sydney als zweites Forschungsschiff bereitgestellt, das die Investigator begleiten sollte, und aufgrund ihrer geringeren Größe und des geringen Tiefgangs für die Erkundung von Flussmündungen vorgesehen war.

65 A.a.O., S.253.

66 Logbuch von Matthew Flinders, a.a.O. aus dem englischen übersetzt vom Autor.

67 Flinders, Reise nach dem Australlande, S.174f.

68 ebenda, S.175.

69 Vgl. Logbuch von Matthew Flinders, Einträge Januar 1801 bis Juli 1802.

70 Ein Walboot ist tatsächlich ein Walfangboot, wie man es von Melvilles Moby Dick kennt.

71 Flinders, Matthew, A Voyage to Terra Australis, Volume 2, http://www.gutenberg.org/ebooks/13121, 28.05.2012, aus dem englischen übersetzt vom Autor

72 Vgl. Banks, Joseph, The Endeavour Journal, http://trove.nla.gov.au/work/10073045?q=Joseph+Banks&c=book 28.05.2012. aus dem englischen Übersetzt vom Autor

73 Coote, Jeremy, Sir Joseph Banks. Wissenschaftler und Sammler auf der ersten Reise, in: Cook, S. 61f.

74 Vgl. Homepage Natural History Museum, London http://www.nhm.ac.uk/nature-online/science-of-natural-history/biographies/joseph-banks/index.html. 21.05.2012

75 Vgl. Hendricks, Alfred, Dr., Alles für die Katz, Münster 2008, S.8.

76 Vgl. http://www.abc.net.au/navigators/naturalists/brown.htm, 29.05.2012.

77 Flinders, Matthew, A Voyage to Terra Australis, Volume 1, http://www.gutenberg.org/ebooks/12929, aus dem englischen übersetzt vom Autor.

78 Vgl, http://adb.anu.edu.au/biography/bungaree-1848. 01.06.2012.

79 Flinders, Matthew, A Voyage to Terra Australis, Volume 2, aus dem englischen übersetzt vom Autor.

80 Flinders hatte als Geschenke für die Einwohner Australiens folgede Dinge mitgenommen: 500 Taschenmesser, 500 Spiegel, 100 Kämme, 200 Fäden auf denen blaue, rote, weiße und gelbe Perlen aufgereiht waren, 100 Paar Ohrringe, 200 Fingerringe, 1000 Meter roter und blauer Bänder, 100 rote Kappen, 100 kleine Decken, 100 Meter dünnen roten Tuches, 100 Meter gefärbter Leinwand, 1000 Nadeln, fünf Pfund roten Zwirn, 200 Feilen, 100 Schumachermesser, 300 Scheren, 100 Hämmer, 50 Äxte, eine Reihe anderer Eisengeräte, eine Anzahl von Medaillen mit Geogrgs Konterfei und einige neue Kupfermünzen.

81 Vgl., The Flinders 1801-03 HMS Investigator Rock Collection | Natural History Museum.

82 Damit ist der Durchgang von Himmelskörpern wie Mond- oder Venus zwischen Sonne und Erde gemeint.

83 Flinders, Matthew, A Voyage to Terra Australis, Volume 1, aus dem englischen übersetzt vom Autor.

84 Vgl., http://www.rgsq.org.au/rgsqsite/flse3-2B.htm, 29.05.2012

85 Vgl. http://en.wikisource.org/wiki/Philosophical_Transactions, 31.05.2012

Anhang

86 Logbuch von Matthew Flinders, Eintrag vom 3. März 1802, aus dem englischen übersetzt vom Autor.

87 Vgl. Barker, Whitby's Golden Fleet, S.118.

88 Flinders, Reise nach dem Australlande, S.293.

89 The Sydney Gazette and New South Wales Advertiser: Seite 3, 22.September 1825. http://nla.gov.au/nla.news-article2184452. Zuletzt Aufgerufen 19.05.2012

90 Vgl. Bruseth/Turner, Watery Grave, S.71ff,

91 Walter Saller: Verhängnisvolle Expedition. Spiegel online. http://www.spiegel.de/wissenschaft/natur/0,1518,457698,00.html. Zuletzt aufgerufen 20.05.2012

92 Vgl. Flinders, Reise nach dem Australlande, S.172f.

93 Vgl. Cole, Juan, Die Schlacht bei den Pyramiden. Napoleon erobert den Orient, Darmstadt 2010; Vgl. Fremont-Barnes, Gergory, Nile. Nelson's first great victory, Oxford 2011.

94 Vgl. http://www.nmm.ac.uk/flinders/DisplayDocument.cfm?ID=38&CurrentPage=1&CurrentXMLPage=1. 24.05.2012 aus dem englischen übersetzt vom Autor.

95 Vgl. Nagel, Fernhandel, S.122ff.

96 Vgl. ebenda, S.120.

97 Vgl. Marchant, Leslie R., ,Baudin, Nicolas Thomas (1754–1803)', Australian Dictionary of Biography, National Centre of Biography, Australian National University, http://adb.anu.edu.au/biography/baudin-nicolas-thomas-1753/text1949, 29.05.2012.

98 Vgl. http://www.abc.net.au/navigators/captains/baudin.htm, 29.05.2012.

99 Vgl. The Napoleon Series, http://www.napoleon-series.org/research/government/diplomatic/c_amiens.html, 29.05.2012.

100 Vgl. http://www.abc.net.au/navigators/naturalists/peron.htm, 29.05.2012.

101 Vgl. Marchant, Leslie R., ,Péron, François (1775–1810)', Australian Dictionary of Biography, National Centre of Biography, Australian National University, http://adb.anu.edu.au/biography/peron-francois-2545/text3463, 29.05.2012.

102 Vgl. Mann, Michael, Sahibs, Sklaven und Soldaten.Geschichte des Menschenhandels rund um den indischen Ozean, Darmstadt 2012, S.53ff.

103 Der Originaltext, http://www.nmm.ac.uk/flinders/DisplayDocument.cfm?Search=Trim&CurrentPage=1&ID=92&CurrentXMLPage=1, 29.05.2012. aus dem englischen übersetzt vom Autor.